El trabajo en pequeños grupos en el aula

Joan Bonals

145

Serie Didáctica/Diseño y desarrollo curricular
© Joan Bonals
© de la traducción: Mari Carmen Domingo
© de esta edición: Editorial GRAÓ, de IRIF, S.L.
  C/ Francesc Tàrrega, 32-34. 08027 Barcelona
  www.grao.com

1.ª edición: enero 2000
2.ª edición: octubre 2005
3.ª edición: mayo 2006
4.ª edición: abril 2007

ISBN : 978-84-7827-223-5
DL: B-20407-2007

Diseño de cubierta: Xavier Aguiló
Impresión: Publidisa
Impreso en España

Índice

Prefacio

Aprender a trabajar con pequeños grupos en las aulas sigue siendo, en general, un reto para los centros educativos. La mayor parte de los alumnos y alumnas desconocen, todavía, la experiencia que supone llevar a cabo un trabajo sistemático en equipo.

El propósito de este libro es doble: por un lado, pretende aportar a cualquier educador interesado los elementos básicos necesarios para la práctica del trabajo en pequeños grupos en la clase; por otro, tiene como objetivo abrir el asesoramiento psicopedagógico en este nuevo ámbito.

Existen distintos estilos de trabajar en pequeños grupos. Esta diversidad puede sernos muy enriquecedora en la medida que nos permite contrastar maneras ligeramente distintas de concebir y de llevar esta práctica a las aulas.

La propuesta que presentamos está basada en la propia experiencia asesora, en línea coincidente en muchos aspectos con la del trabajo cooperativo: parte de la noción de grupo operativo sostenida por J. Pichón-Rivière. Este autor define el grupo operativo como un conjunto de personas con un objetivo común, que intentan abordarlo operando como equipo. Desde este punto de partida, desplegaremos los grandes temas que, a nuestro entender, se han de tener en cuenta en el momento de poner en marcha en las aulas esta práctica educativa. Hemos optado por desarrollar una propuesta de formación de grupos heterogéneos y una dinámica de trabajo poco pautada, inicialmente, por el educador. Así mismo, hemos hecho un esfuerzo considerable para simplificar la tarea docente en la formación de grupos, el manejo de su dinámica, la organización de las tareas y la evaluación. Pensamos que, de otra forma, es difícil que un enfoque de estas características pueda sistematizarse y se mantenga.

Entre las personas que más han colaborado en la elaboración de este texto, queríamos citar a M. Àngels González, Josep Font, Mercè Soler, Manuel Sánchez, Albert Sardans y Josep Rafart. A todos ellos, mi más sincero agradecimiento por las valiosas sugerencias aportadas y su desinteresada ayuda. También, hemos de mencionar la preciada colaboración de Roser Guixé, Montse Vegas, Ramon Gassó y, en general, de los docentes de las escuelas de la comarca del Berguedà (Barcelona), que han sido especialmente sensibles a la concepción abierta que planteamos del asesoramiento psicopedagógico.

Introducción

La persona que sabe trabajar en grupo

¿En qué consiste saber trabajar en grupo? Todos, de hecho, tenemos experiencia de trabajos en grupo. Desde esta experiencia podemos constatar que hay personas para las que es fácil llevar a cabo un trabajo compartido. Para otras, en cambio, no lo es nada. Querríamos abrir este texto enmarcando la manera de ser de la persona que sabe trabajar en grupo.

Pensamos que desde el sentido común, desde nuestra experiencia cotidiana, si tuviésemos que caracterizar a la persona que sabe estar en grupo y que sabe trabajar con los demás, no podríamos olvidar ni lo que da al grupo, y a cada uno de sus componentes, ni lo que recibe y se apropia.

En lo que se refiere *a lo que da*, entendemos que cada uno debe favorecer:

- El desarrollo de la tarea colectiva: sus acciones tienen que favorecer la consecución de la tarea que el grupo se ha propuesto, y tienen que ir a favor de la calidad y de la agilidad del trabajo.
- La cohesión y la conservación del grupo: sus acciones deben tener un efecto favorable para el buen entendimiento del grupo, la cohesión entre sus componentes y la conservación en tanto que grupo. Ha de hacer que los integrantes se sientan bien trabajando conjuntamente.
- La consecución de las necesidades o conveniencias de cada uno de los integrantes siempre que se puedan hacer compatibles con las del grupo: los componentes de un grupo necesitan sentirse bien trabajando en equipo, sentirse incluidos en el grupo, valorados, queridos por sus componentes, protegidos, respetados y ayudados cuando lo requieran.

En lo que se refiere *a lo que se recibe* o lo que se apropia, cada uno debe ser capaz de resolverlo satisfactoriamente:

- La adecuada presencia y participación en el grupo: sin invadir o acaparar el espacio que corresponde a los demás, debe ser capaz de conseguir un lugar constructivo en el trabajo en equipo.
- Las propias necesidades personales: sobre todo sentirse integrado, valorado, querido, protegido, respetado y ayudado. Estas necesidades incluirían los ámbitos cognitivo, afectivo, social y de recursos materiales.

Para poder hacer una aportación valiosa al grupo y a sus componentes creemos que es imprescindible tener una buena *capacidad de escucha*, entendida en un sentido amplio, para percibir la voluntad colectiva y las necesidades individuales y para poder ir a favor de éstas. La escucha de la voluntad colectiva y la atención a las conveniencias de cada uno presiden las acciones de las personas que saben estar en el grupo, pero en la misma medida hay que tener en cuenta las propias necesidades:

para beneficiarse de la situación de grupo hay que saber utilizar los recursos adecuados que lo permitan. Porque, como ya habíamos apuntado (Bonals, 1996) y en este sentido consideramos que el reto pasa por compatibilizar, en todo lo posible, los proyectos y necesidades personales con los de los demás y del grupo.

Definimos la persona bien dotada en tanto que miembro de un grupo de trabajo como aquella que sabe ir a favor del grupo, de los demás, de ella misma, que está bien predispuesta a ello y que lo entiende como un valor. Formulado en otros términos diríamos que la persona que sabe estar en grupo no queda anulada por él ni anula: no se queda sin participar o sin apropiarse de aquello que le toca, no acapara la participación ni la toma de decisiones que no le son propias, no se enriquece hasta que el límite de su enriquecimiento supone el empobrecimiento de los demás compañeros. De la misma manera, sus actuaciones no tienen efectos contrarios a la buena marcha de la tarea colectiva, de la cohesión del grupo o de su conservación como tal.

En otro lugar (Bonals, 1994*b*) habíamos definido la posición de estas personas en términos de *satisfactor-satisfecho* y la diferenciábamos de la posición *satisfactor-insatisfecho,* en la que se va a favor del grupo y de los demás, pero no se resuelven las propias necesidades, de la posición *insatisfactor-satisfecho,* en la que se atienden las propias necesidades personales, pero no las de los demás o las del grupo, y de la posición *insatisfactor-insatisfecho,* en la que no se es capaz de tener en cuenta los intereses del grupo y de los demás, y no se acierta a resolver las propias necesidades.

Querríamos que este texto ayudara a la formación de personas —en este caso alumnos y alumnas— que sepan estar y trabajar en grupo, que sea una aportación a la difícil tarea de compatibilizar los deseos personales con los de los demás, y que facilitara la práctica del trabajo en grupo en las aulas, como vía para el enriquecimiento del alumnado en los ámbitos cognitivo, afectivo, y relacional.

El porqué del trabajo en grupo

Podemos desplegar un valioso listado de razones que justifiquen el trabajo en pequeños grupos en las aulas. Unas hacen referencia al *beneficio cognitivo* que pueden sacar los alumnos y alumnas; otras a las aportaciones vinculadas directamente con la vida de *relación o emocional;* otras, finalmente, con el *propio valor* que tiene aprender a trabajar en grupo de manera eficaz, manteniendo unas relaciones personales satisfactorias.

El trabajo en grupo, en condiciones determinadas, incrementa la calidad de los aprendizajes y favorece la adquisición de conocimientos de los alumnos y alumnas a través de la interacción entre ellos. Sólo por esta razón, sería justificado utilizarlo de manera sistemática en las aulas. No podemos desaprovechar las enormes posibilidades que nos aporta la interacción de alumnado como *fuente de construcción de conocimientos.* Muchos autores de prestigio, como Vygotsky, no han dejado de insistir sobre el valor de la interacción entre iguales: estableciendo las condiciones adecuadas, los alumnos y alumnas pueden aprender más y mejor si se les permite afrontar juntos los procesos de aprendizaje, sobre todo cuando se les proponen objetivos a los que han de llegar trabajando como equipo.

Trabajar en grupo permite *mejorar las habilidades sociales* que afectan, al mismo tiempo, al bienestar personal de los componentes. En estas habilidades podemos incluir la capacidad de llegar a acuerdos basados en el diálogo, de facilitar la comunicación, de favorecer las conveniencias de los demás, que seguro que pasan por la capacidad de incluir a todos los integrantes, gratificarlos, hacer que se sientan bien durante los procesos de trabajo, ayudarlos adecuadamente, etc. Y también la capacidad, como hemos dicho, de ser un miembro activo, de participar, de ser querido por los compañeros, de pedir ayuda cuando haga falta, etc. Todas estas habilidades no se han incluido habitualmente en los procesos de enseñanza-aprendizaje; se han considerado, hasta hace poco, adquisiciones que cada uno tenía que incorporar de manera espontánea. Pero todos conocemos las dificultades que, en cualquier edad, aparecen en este ámbito, que justifican plenamente ser atendidas desde el mundo de la educación.

Tan importantes como las habilidades sociales, son *las actitudes* de procurar por los demás, y la consideración de este «procurar por» como un valor en sí. Pensamos que el trabajo en grupo es una de las situaciones más adecuadas para trabajar la disposición del alumnado a ayudarse mutuamente en sus aprendizajes y, en general, en todas aquellas necesidades e intenciones que se dan en la vida en grupo. Así mismo, consideramos que se trata de predisponerlos a cooperar para llegar a fines comunes. Podemos poner como valor la cooperación y la buena disposición de mostrarse a favor de las intenciones y necesidades de los demás.

El trabajo en grupo, adecuadamente coordinado, favorece un *clima relajado y agradable* en el aula: los alumnos y alumnas suelen sentirse muy bien en una dinámica de trabajo en pequeños grupos. Organizar una parte de los procesos de enseñanza-aprendizaje a través del trabajo en pequeños grupos, además de las utilidades mencionadas, es muy bien recibido por el alumnado a causa de la dinámica que genera. Entendemos que pasárselo bien trabajando es bueno en sí mismo y, sin duda, genera efectos secundarios favorables para todos.

Las personas, pequeñas y mayores, tenemos que aprender a trabajar individualmente y a trabajar en grupo. Tradicionalmente la escuela ha favorecido la actividad individual, pero no lo que se deriva de dirigir a un grupo hacia unos objetivos comunes. Durante toda la vida, en el trabajo, en la comunidad de vecinos, etc. nos encontramos con muchísimas situaciones que requieren el trabajo en equipo, y actualmente estamos en condiciones de apropiarnos de conocimientos que nos permitan abordarlo con mayor eficacia. En muchas ocasiones nos faltan saberes, procedimientos, y disposición para el trabajo en equipo. Todos estos conocimientos se pueden y se deben tener presentes desde un punto de vista educativo si es que queremos que, en el futuro, las personas se involucren con más éxito en las tareas de grupo.

Por último, podríamos añadir, todavía, que esta manera de trabajar predispone a una *vida más cooperativa e integradora de la diversidad,* porque ponemos al alumnado en situación de máxima diversidad, y cada uno se da cuenta de que puede aprender junto con los demás compañeros de ritmos y niveles no coincidentes. Esto afecta no sólo al alumnado, sino a todas las personas que directa o indirectamente nos relacionamos con el mundo de la educación. Al mismo tiempo, desplaza el peso del individualismo o las relaciones competitivas a aquéllas en las que domina la cooperación.

Por todas estas razones, cuando menos, no podemos permitirnos excluir el trabajo en pequeños grupos de la práctica habitual de las aulas.

Las funciones del trabajo en grupo

Si seguimos de cerca lo que hemos propuesto en el párrafo anterior, querríamos destacar las tres funciones que nos parecen básicas del trabajo en pequeños grupos en las aulas. La de regulación de los aprendizajes, la socializadora y la potenciadora del equilibrio emocional de sus integrantes. Veámoslas a continuación:

Función de regulación de los aprendizajes

El trabajo en pequeños grupos favorece la regulación de los aprendizajes entre sus componentes. Los propios grupos se encargan de organizarse adecuadamente para afrontar unas tareas y de incorporar, de manera más o menos autónoma, unos aprendizajes determinados. Los alumnos y alumnas aprenden a ponerse de acuerdo sobre los trabajos que realizará cada uno, llevarlos a término y evaluarlos: aumentan la capacidad de cumplir las decisiones que acuerdan y aprenden a comprobar en qué grado se han incorporado los conocimientos que se habían propuesto.

Desde su dinámica interna ponen en común sus saberes y las estrategias de cada uno, y se hacen aportaciones mutuas que les permiten incorporar conocimientos nuevos. Llevan a cabo, de forma espontánea, correcciones sobre conceptos, estrategias e, incluso, actitudes. De esta manera, una parte importante de las aportaciones que tradicionalmente corrían a cargo del docente, ahora las regula el grupo de forma autónoma.

Función socializadora

La organización de la clase en pequeños grupos pone al alumnado en óptimas condiciones para que los alumnos y alumnas mejoren las habilidades sociales y aprendan a compatibilizar sus conveniencias con las necesidades de los demás. Además, permite entender como consecución valiosa la apropiación de las mencionadas habilidades sociales, y las actitudes de buena disposición hacia las necesidades del otro. Al mismo tiempo, esta organización pone al alumnado en óptimas condiciones para mejorar su capacidad para dialogar, para aprender a llegar a acuerdos a través del diálogo.

A trabajar en grupo se aprende llevándolo a la práctica, cuando existen las condiciones adecuadas. El trabajo en pequeños grupos favorece el establecimiento de relaciones entre los interlocutores, poniendo un escenario adecuado para que el alumnado progrese en la capacidad de incluir todos los componentes del grupo y, entre ellos, especialmente los de los que más lo necesitan; para regular adecuadamente la participación de cada uno en turnos de intervención, la capacidad de intervenir y de dejar intervenir, etc.

Función de potenciación del equilibro emocional

Cualquier individuo nace y se hace en grupos. En el desarrollo emocional juegan los demás, en todo momento, un papel fundamental. Una de las bases sobre las que se sostiene el equilibrio emocional de los alumnos y alumnas es en la relación con los compañeros con quien convive. Los pequeños grupos pueden satisfacer algunas de las necesidades básicas de cada uno en el ámbito en el que nos referimos. Necesidades, por ejemplo, de ser aceptado, o de establecer relaciones amistosas. De este modo, la situación de pequeño grupo favorece que cada uno reciba información acerca de cómo los otros sienten sus acciones y a la forma de estar en grupo. Y todo esto, en un contexto favorecedor de la autonomía, debido al lugar en que se sitúa el adulto.

Las dificultades para trabajar en grupo

Si bien últimamente nos hemos dado cuenta de la conveniencia del trabajo en equipo, también estamos tomando conciencia de las dificultades que supone. Tenemos que preguntarnos acerca del origen de estas dificultades, para encontrar maneras de resolverlas; tendremos que identificar los temas clave que hay que trabajar para que los pequeños grupos funcionen de manera adecuada, para que, como decimos en otro sitio (Bonals, 1998), las dificultades que supone llevar a término un trabajo en grupo con éxito no sobrepasen a las que supone, pongamos por caso, aprender a hacer funcionar un ordenador o incorporar unas nociones de un idioma extranjero, resoluciones que estamos avezados a afrontar y resolver de manera considerablemente exitosa.

Por lo tanto, la primera respuesta al porqué de las dificultades de trabajar en pequeños grupos puede ser que no se nos ha enseñado y no se enseña a los alumnos: en nuestro largo paseo como alumnos por instituciones educativas hemos recibido más de una década de enseñanza del lenguaje escrito, de matemáticas, muchos años de conocimientos de historia, geografía, o gimnasia, pero no de trabajo en equipo, y en muchas ocasiones, en nuestra preparación universitaria para trabajar en el mundo de la educación, tampoco. Generalmente, faltan habilidades para trabajar en pequeños grupos en las aulas. Este vacío académico en un tema nada fácil, nos ofrece una buena comprensión sobre el porqué de las dificultades de esta modalidad de trabajo.

Además, procedemos de una tradición de aprendizaje individual, y aparecen resistencias en el momento de romperla. Dejar lo conocido para aventurarnos en lo que lo es menos, genera ansiedad. Abandonar, aunque sea de manera parcial, las formas tradicionales de enseñanza para asumir otras nuevas puede generar las lógicas ansiedades a causa de situaciones confusas o temores al propio fracaso profesional. Ante estas situaciones no nos puede pasar por alto la cultura del centro, que puede representar un papel a favor o en contra de la práctica del trabajo en equipo. Si la institución como tal valora esta línea de trabajo minimizará muchos de los impedimentos que aparecen, que, por otra parte, pueden imposibilitarla.

En lo que se refiere al alumnado, podemos destacar dos factores que hacen más complejo el trabajo en pequeños grupos:

- En primer lugar coincide con lo que hemos mencionado para los docentes: los alumnos no tienen claro cómo se trabaja en equipo, *porque no se les ha enseñado.* Aprender a trabajar en pequeños grupos requiere un tiempo de entrenamiento y la guía de algún experto. No podemos esperar que, sin ayuda, trabajen adecuadamente desde el primer día. Se trata, podríamos decir, de una cuestión de comprensible ignorancia.

. El segundo factor está unido a la *capacidad de aceptar algunas renuncias personales* necesarias, en beneficio de lo grupal: hemos dicho que cualquiera que trabaje en grupo ha de tender a la posición *satisfactor-satisfecho*, pero hay que añadir, también, que cualquiera que trabaje en grupo tiene que ser capaz de contener las ganas de participar o de decidir para que puedan hacerlo también los demás; tiene que estar dispuesto a ayudar a los compañeros cuando haga falta; se ha de poder permitir pedir ayuda, más allá de lo que le afecte, pongamos por caso su timidez o su amor propio; ha de aceptar la diversidad de niveles, ritmos e intereses de los compañeros, etc. Todos estos aspectos, por lo general, ponen límites a las propias intenciones cuando éstas van en dirección contraria a las de los otros componentes del grupo o a la tarea colectiva. En cualquier caso, esto requiere un esfuerzo para hacer compatible lo que uno quiere con la voluntad de los otros, con las renuncias que, inevitablemente, esto supone.

Estas dificultades se dan en un contexto que, muchas veces, no favorece nada que el profesorado incorpore esta manera de trabajar: el contexto es poco adecuado en la medida en que los docentes sienten una presión excesiva por los niveles de los alumnos y alumnas, han de dar respuesta a encargos que viven como formalidades burocráticas que no les servirán, quedan desbordados por el trabajo o les faltan los recursos materiales o personales para posibilitar el ejercicio de la profesión de una manera razonablemente tranquila. Desde nuestra experiencia práctica hemos podido comprobar que estas condiciones tienen una gran importancia en el momento de facilitar o dificultar el trabajo en pequeños grupos en el aula.

Las posibilidades de trabajar en grupo

Como hemos dicho, igual que el inglés o la informática, también se aprende a trabajar en pequeños grupos. La tradición en los centros de considerarlo como un aprendizaje espontáneo no debe privarnos de darle un tratamiento académico sistemático, ya que, habitualmente, los grupos generan dinámicas que hay que reorientar.

Dado un grupo de alumnos y alumnas, se puede valorar lo que saben o no saben hacer en lo que se refiere al trabajo en equipo: no es difícil fijar unos objetivos de aprendizaje adecuados a sus posibilidades, programar una serie de intervenciones, llevarlas a la práctica e ir valorando los resultados.

Porque, entendemos, trabajar en grupo se aprende haciéndolo, si se dispone, de una guía pertinente. Las habilidades que han de conducir a los alumnos y alumnas a trabajar en grupo de manera eficaz y con un clima adecuado se han de adquirir, básicamente, en un contexto de trabajo en equipo. Igual que a nadar se aprende nadando, o a ir en bicicleta probándolo. Esto no excluye que el alumnado incorpore nuevos saberes fácticos o conceptuales y que se pueda abordar en paralelo, de manera complementaria, el valor del trabajo en equipo y las necesarias actitudes de predisposición.

Sin duda, se necesitan herramientas y condiciones apropiadas para garantizar un funcionamiento óptimo del desarrollo de esta orientación de trabajo. En los siguientes capítulos mostraremos, uno por uno, los grandes temas que, a nuestro entender, hacen posible su incorporación de forma habitual en los centros. En todo caso, la práctica nos ha demostrado que, para trabajar con eficacia en pequeños grupos el docente que se encarga del grupo-clase tiene que ser capaz de resolver con acierto la manera de agrupar a los alumnos y alumnas en pequeños grupos, instalar una adecuada dinámica de clase y seleccionar las tareas que los grupos realizarán. Trabajando con cuidado, hemos comprobado que llegar a este triple acierto no implica excesivas dificultades. Pero también hemos constatado que si uno de estos aspectos está mal resuelto, puede provocar graves efectos en el funcionamiento de conjunto:

- Una *agrupación* incorrecta en ocasiones impide una adecuada dinámica de trabajo, que puede afectar, al mismo tiempo, la resolución satisfactoria de las tareas.
- Un mal manejo de la *dinámica del grupo-clase* no repercute en las agrupaciones, pero puede afectar negativamente la resolución en grupo de las tareas programadas.
- Una elección desafortunada de las *tareas* genera, en muchas ocasiones, disfuncionalidad en la dinámica.

Por lo tanto, la organización, la dinámica y las tareas están articuladas de tal manera que una fractura en cualquiera de las tres repercute, al menos, en alguna de las otras.

Así, para asegurar el buen funcionamiento del trabajo en grupo, tenemos que estudiar detenidamente los tres grandes temas que hemos mencionado, y definir de manera precisa el papel del docente en cada uno de ellos. No debemos olvidar, tampoco, los temas de la cultura cooperativa de los centros, la evaluación del trabajo en equipo, y el papel que puede jugar la figura del asesor psicopedagógico en el momento de introducir la práctica de esta propuesta en los centros.

Los alumnos y las alumnas y el trabajo en grupo

Si nos proponemos instalar la práctica del trabajo en pequeños grupos en las aulas, tenemos que informar adecuadamente al alumnado de nuestras pretensiones y de las razones que las sustentan.

En el inicio de cualquier unidad de programación, conviene que el alumnado tenga claro qué tiene que aprender, porque así es más fácil que le encuentre sentido a aquello que hace, que sepa qué se espera de él y, por lo tanto, que pueda orientarse mejor. Por las mismas razones, se les deben dar a los alumnos y alumnas las explicaciones pertinentes sobre el aprendizaje en pequeños grupos. El alumnado tiene que entender qué es, qué sentido tiene, por qué es conveniente sistematizarlo, cómo se hará, cuándo y con qué frecuencia. Se trata, sobre todo, de que los alumnos y alumnas entiendan *el sentido que tiene el trabajo en pequeños grupos y qué queremos que aprendan.*

¿Qué es el aprendizaje en pequeños grupos?

El docente puede informar que se trata de una manera de aprender, diferente a la que consiste en que el educador les da explicaciones, ellos escuchan y después suelen resolver ejercicios cada uno en su hoja. El aprendizaje en pequeños grupos es una manera de incorporar los conocimientos en actividades que tendrán que hacer en grupo. Para el aprendizaje en pequeños grupos se pondrán a trabajar un tema o una actividad entre todos los integrantes, se dedicarán a un objetivo común. Todo lo que puedan resolver pensando y hablando entre ellos no se lo preguntarán al educador. En alumnos mayores puede explicarse de manera más precisa en qué consistirá el trabajo que llevan a término y diferenciarlo del individual y competitivo: no se tratará, ni de trabajar de manera individual, para alcanzar unos objetivos sin tener en cuenta a los compañeros, ni de competir para ver quién es el «mejor», sino de interactuar para conseguir unos objetivos como grupo.

¿Por qué es importante aprender a trabajar en pequeños grupos?

En primer lugar porque pueden ayudarse entre ellos: pueden aprender mucho si cogen el hábito de fijarse cómo trabajan los demás, preguntarse lo que no entienden y explicar a los compañeros lo que los otros no saben, no saben hacer o no saber ser. Al mismo tiempo, es una situación idónea para conocerse mejor a sí mismo, sus habilidades y capacidades, para tomar conciencia de qué conocimientos tienen que ir adquiriendo o desarrollando y para aceptar sus diferencias. Pero también es importante porque se vuelven más capaces de participar y de dejar participar, ayudarse, y adquirir muchas de las habilidades que los hacen sentirse bien en grupo. Aprenden, también, a responsabilizarse individualmente, a valorar el trabajo en grupo y a estar predispuestos a llevarlo a cabo. Se lo pasan muy bien en clase, porque trabajar en pequeños grupos los suele motivar mucho más. Y, finalmente, aprenden a resolver trabajos en grupo, habilidad que bien seguro necesitarán toda la vida.

¿Cuándo trabajarán en grupo y con qué frecuencia?

Se tendrá que informar sobre la previsión de los espacios que dedicarán a esta modalidad de trabajo: en qué materias, qué tipos de actividades, qué periodicidad, etc.

¿Qué tienen que aprender referente al trabajo en pequeños grupos?

Básicamente los contenidos curriculares seleccionados y a trabajar en grupo. Es fundamental que el alumnado lo tenga claro. El docente informará que se trata de que aprendan todos, todos lo suficiente y todos de todo (cuando los trabajos requieran saberes o habilidades diferenciadas), que han de apropiarse de las habilidades necesarias para trabajar como grupo con autonomía, agilidad y buen entendimiento entre sus componentes, y que han de aprender, también, a ayudarse entre ellos, y a pedirse ayuda cuando les haga falta, etc. Para cada nivel y en cada situación determinada, lo que los alumnos y alumnas tendrán que apropiarse será diferente, pero siempre girará alrededor de los temas que hemos mencionado. El docente puede explicarles que antes de iniciar una unidad de trabajo, concretarán lo que tendrán que incorporar, que hará un seguimiento de cada grupo y les ayudará durante el proceso de trabajo, y al acabar, entre todos evaluarán cómo les ha ido, qué han aprendido, y qué les falta aprender.

Cuando se considere útil, se pueden escribir las habilidades e incluso las actitudes, de las que el alumnado tendrá que irse apropiando mientras trabaja. También puede dársele al alumnado un cuadro con las habilidades que tendrán que aprender y al final serán objeto de evaluación. Más adelante incluimos una muestra de estos cuadros.

1

La organización de los grupos

La organización de los alumnos y alumnas en el aula, tiene que facilitar el aprendizaje en pequeños grupos. Refiriéndose al aprendizaje del alumnado, Roger T. Jhonson y David W. Jhonson (1997) plantean que en él se pueden considerar tres posibilidades básicas de interacción entre los alumnos:

- *Competir* para ver quién es el «mejor».
- Trabajar de manera *individual* para alcanzar un objetivo sin tener en cuenta a los compañeros.
- Trabajar *cooperativamente* con gran interés en el propio aprendizaje y en el de los demás.

Una situación interpersonal competitiva se caracteriza por una interdependencia negativa entre los objetivos: cuando una persona gana, las otras pierden; por ejemplo, plantear carreras entre el alumnado para obtener respuestas correctas de un problema de matemáticas escrito en la pizarra. En las situaciones de aprendizaje individuales los alumnos y alumnas son independientes y el éxito depende del propio rendimiento con relación a los criterios establecidos; lo que hagan los demás no les afectará. Por ejemplo, en una situación de aprendizaje de lectura, en la que todo el mundo trabaja por su cuenta y aprueba si lee correctamente el 90 por ciento o más de las palabras. En una situación de aprendizaje cooperativo, los alumnos y alumnas trabajan juntos, y sienten que «nadan o se hunden conjuntamente». Hemos de distinguir, todavía, entre las diversas formas de trabajar basadas en la cooperación. Por ejemplo, la interacción entre iguales, como base para los aprendizajes, o bien las relaciones tutoriales entre los mismos alumnos.

Como hemos dicho, uno de los temas que tiene que resolverse para trabajar en pequeños grupos en el aula es el de *las agrupaciones del alumnado*. Es posible enunciar algunos criterios que orienten la formación de los pequeños grupos. Ciertamente, existe un amplio abanico de posibilidades en el momento de formar las agrupaciones, y no puede decirse que unas sean más adecuadas que las otras: sería más acertado decir que sirven a distintos objetivos. En todo caso, en este apartado, desplegaremos una propuesta relativa a las decisiones sobre la cantidad idónea de componentes en los pequeños grupos, los criterios de heterogeneidad o de homogeneidad de niveles, ritmos e intereses, la movilidad y permanencia de las agrupaciones, y las preferencias del alumnado y del mismo docente. Por último, mencionaremos el papel del educador en esta toma de decisiones.

La cantidad de integrantes de cada pequeño grupo

En primer lugar podemos hacernos la pregunta de cuál es la cantidad idónea de integrantes de cada grupo. Como plantean Martí y Solé (1997), no existe un número que podamos catalogar de idóneo y, también, depende de un conjunto de factores. Shaw (1989) recoge distintos estudios sobre el tamaño del grupo y muestra las posibles ganancias y pérdidas de rendimiento con el aumento o disminución del número de integrantes: con el aumento del tamaño del grupo suele disminuir el tiempo de que dispone cada miembro para participar, cuesta más hacer que participen todos, hay más tendencia al monopolio de la participación por una parte, hay más dificultades para que se pongan de acuerdo, y en algunos trabajos disminuye el rendimiento de los alumnos y alumnas. Reducir el número de integrantes limita los conocimientos de que dispone el grupo para afrontar la tarea encomendada, proporciona más posibilidades de participación a todos, tiende a equilibrar la cantidad de intervenciones y facilita el consenso.

El tipo de actividad y el objetivo que pretendemos con ella es uno de los factores clave para decidir el tamaño del grupo: para un programa interactivo de ordenador, por ejemplo, dos alumnos puede ser un buen número, mientras que en una actividad basada en el intercambio de puntos de vista se necesitará un número mayor de componentes.

En nuestra práctica vinculada al trabajo en pequeños grupos en el aula hemos observado que:

- Agrupaciones de dos alumnos, *por parejas,* pueden ser enriquecedoras en momentos puntuales para finalidades muy diversas. Por ejemplo, trabajar con el ordenador o formular preguntas de un tema que a los alumnos y alumnas les interesaría saber. Es una agrupación fácil de hacer y eficaz para algunas actividades, al lindar entre el trabajo individual y de grupo.
- El trabajo en *grupos de tres,* en principio, posibilita una dinámica ágil, y productiva, y permite al grupo trabajar con un clima adecuado. Algunos autores han advertido los riesgos de la exclusión del tercero en el grupo de este tamaño. La práctica nos ha demostrado, de manera continuada, que si bien es un riesgo considerable, no por eso aporta motivos para evitar agrupaciones de este número de participantes. Los grupos de tres componentes son idóneos, por ejemplo, para elaborar textos, resolver problemas de matemáticas o hacer resúmenes.
- Las agrupaciones de *cuatro* componentes son, probablemente, las que organizamos con más frecuencia. Entendemos que son muy adecuadas para la mayoría de las tareas que proponemos en pequeño grupo. La dinámica continúa siendo fácil y se reduce el número de grupos que el docente tiene que dinamizar. Las actividades que hemos citado para resolver en grupos de tres miembros también son adecuadas para grupos de cuatro.

- Los grupos de *cinco* componentes se apartan poco de las características de los grupos de cuatro y son, después de estos, los que formamos con mayor frecuencia.
- Las agrupaciones de *seis* alumnos comportan más dificultades en lo que respecta a la participación equilibrada. Las tareas suelen hacerse más lentas. Procuramos no llegar a juntar seis alumnos, preferimos partir el grupo en dos y formar dos grupos de tres.
- Finalmente, sólo optamos por grupos de *siete u ocho* en algunas actividades que se dirigen justamente a trabajar la relación o la autoimagen de los componentes a través de técnicas de dinámica.

La heterogeneidad u homogeneidad de las agrupaciones

Además de preguntarnos por el número de integrantes de cada pequeño grupo, nos podemos preguntar los criterios cualitativos de agrupación, y entre estos, la homogeneidad o heterogeneidad de niveles y ritmos en cada grupo.

Optamos por trabajar con *grupos heterogéneos,* si bien esta alternativa requiere, al menos, tres consideraciones previas:

- La primera consideración hace referencia a la necesaria *flexibilidad en el criterio* de agrupaciones heterogéneas: si bien en la organización básica proponemos grupos con alumnado de diferentes niveles, a veces se ve claramente indicado realizar en el aula un trabajo en dos niveles de dificultad: uno para los alumnos y alumnas de ritmos rápidos, y otro para aquellos que avanzan más lentamente: el docente puede optar por agrupar al alumnado de niveles más bajos o más altos, y mientras una parte lleva a cabo un trabajo determinado, los otros, en pequeños grupos, realizan una actividad diferente. En ocasiones el docente puede plantear una actividad a la mayoría de la clase, que los alumnos y alumnas pueden llevar a cabo autónomamente, y coger alumnos de niveles bajos para proponerles un trabajo en uno o dos pequeños grupos. Por ejemplo, con párvulos de 5 años, mientras el alumnado de niveles de aprendizaje más evolucionado hace un dibujo, los cuatro o cinco alumnos con niveles más bajos trabajan en la pizarra con la maestra, escribiendo nombres de compañeros de clase.
- La segunda consideración hace referencia a la *distancia conceptual o procedimental entre alumnos*: en ocasiones conviene que los niveles del alumnado que compone el grupo sean ligeramente heterogéneos, pero que la distancia entre ellos no sobrepase el nivel en que los menos evolucionados no pueden entender las producciones de sus compañeros de grupo. Pero hemos de decir, también, que según nuestra experiencia hemos podido constatar que en muchas ocasiones los alumnos y alumnas más evolucionados, aunque estén a bastante distancia de los niveles de los compañeros con ritmos más lentos, les ofrecen una ayuda muy valiosa, tanto o más que aquellos que ma-

nifiestan niveles ligeramente superiores. Y, al mismo tiempo, los alumnos y alumnas que dominan mejor los conceptos y procedimientos, pueden desarrollar la habilidad de explicárselo a los demás. Por lo tanto, a la práctica, por lo general dejamos de tener en cuenta la «ligera» heterogeneidad y simplemente juntamos alumnos y alumnas de distintos niveles.

. Y, finalmente, diríamos aún que la distancia entre niveles de conocimientos de los alumnos y alumnas de primeros cursos, al menos en el primer ciclo de primaria, tampoco suele ser tan grande como para tener este factor en cuenta de forma prioritaria cuando hay que hacer agrupaciones.

Otro aspecto que querríamos señalar es que se ha experimentado el trabajo en pequeños grupos de alumnos de *niveles homogéneos*. Entendemos que es una opción válida, incluso posible que se pueda plantear como complementaria a la que presentamos: en determinados niveles y en actividades más abiertas, puede optarse por un criterio de heterogeneidad; y más adelante o con otras actividades, se pueden hacer agrupaciones más homogéneas según los niveles, ritmos e intereses del alumnado. O bien los alumnos y alumnas pueden sentarse habitualmente en grupos heterogéneos, pero para determinadas actividades el educador puede reunir en un mismo grupo los más bajos y proponerles un trabajo a parte para ellos.

Hechas estas consideraciones, estamos en condiciones de desplegar la concreción de la heterogeneidad mencionada. Como decíamos en otro sitio (Bonals, 1994a), cada docente puede plantear *la formación de grupos* teniendo en cuenta:

Los niveles y ritmos de cada alumno y alumna

Al organizar los grupos el docente tiene en cuenta, en principio, que los alumnos y alumnas sean de niveles diferentes, pero cercanos. Con todo, ya hemos comentado que la distancia entre niveles de conocimientos de alumnos de educación infantil o de primeros cursos de primaria, en una misma clase, no suele ser excesiva para nuestras conveniencias. Una de las desventajas de agrupar alumnos y alumnas de niveles muy cercanos es que se pierde la posibilidad de confrontar producciones resultantes de hipótesis conceptuales diferentes o de estrategias de distinto nivel de complejidad. Si hay demasiada distancia, una de las desventajas es que se tiende a reproducir la situación adulta del «que sabe» y del que aprende en una situación «pasiva». Esto no impide, como veremos, que en un momento determinado el docente anime a un alumno o alumna a ponerse en el papel de enseñar a otros compañeros.

Los alumnos y alumnas «buenos informadores»

Hay alumnos y alumnas con gran facilidad para comunicar saberes, maneras de hacer los trabajos o actitudes bien dispuestas para abordarlos: sabiéndolo o no, transmiten informaciones que pueden suponer una gran ayuda para el aprendizaje de los compañeros. Consideramos como alumnos o alumnas «buenos informadores» aquellos que tienen buena capacidad para transmitir conocimientos a otros compañeros.

Se puede ser buen informador porque se dispone de conocimientos que otros no tienen y él los puede aportar. Con todo, unos alumnos pueden tener facilidad para aportar conocimientos a unos compañeros y no a otros, porque, por ejemplo, no se entiendan bien con ellos y se comuniquen poco. En este caso no serán buenos informadores para determinados compañeros, debido al tipo de relación que se establece. Por lo tanto, un alumno será buen informador, no sólo debido a sus características personales, sino también, por las características de los potencialmente informantes y las relaciones que se establezcan entre ellos.

Por una parte, entonces, para cada nivel de aprendizaje, hay compañeros que, por los conocimientos que tienen, poseen una capacidad óptima para ser informadores. Aquí es donde suele hablarse de niveles ligeramente por encima del alumno o alumna que recibirá la información o de la distancia óptima entre ellos. Al margen del nivel de conocimientos, hay alumnos más sociables, más aceptados, más abiertos, con mayor capacidad de relación, que pueden aportar más que otros. En muchas ocasiones los líderes son buenos informadores para los componentes sobre los que ejercen el liderazgo.

Los alumnos o alumnas más necesitados

En las agrupaciones procuramos tener especialmente en cuenta a los alumnos o alumnas que manifiestan más necesidades y no sólo en los aprendizajes tradicionalmente académicos, sino también en la vida de relación, la autoimagen y el desarrollo emocional. Entendemos que las necesidades especiales de estos alumnos o alumnas provienen de diversos aspectos:

- Del entorno poco estimulante o poco enriquecedor en el que viven, o de las propias características, que les provocan unos niveles más bajos, un ritmo más lento en la adquisición de los aprendizajes y una escasa disponibilidad para los trabajos escolares.
- De las dificultades de relación o de los trastornos de personalidad que presentan: los alumnos o alumnas que tienen tendencia a aislarse y los más inhibidos se sientan al lado de los compañeros que más les puedan favorecer la resolución de estos obstáculos. Así mismo, los compañeros con conductas disruptivas se sitúan en los grupos con más capacidad contenedora.
- De las dificultades lingüísticas que proceden del poco dominio de la lengua utilizada normalmente en el aula. Nos encontramos, por ejemplo, con alumnos o alumnas inmigrantes que hace poco tiempo que han llegado y tienen dificultades para entender y hablar la lengua habitual de la escuela.
- De alumnos menos aceptados o de aquellos que el grupo tiende a tener menos en cuenta. Para ellos, aunque no solemos usarlos de manera sistemática, los sociogramas pueden dar informaciones provechosas en el momento de formar grupos. Por ejemplo, indican las elecciones mutuas, que el docente puede tener en cuenta cuando decida la disposición de los alumnos más necesitados con los «buenos informadores» que se han escogido mutuamente. Además puede servir para orientarse tener en cuenta los rechazos en el momento de decidir quiénes, entre los «buenos informadores» pueden ayudar mejor a los más necesitados. Y también vemos útil tener presente a los líderes, que pueden representar un papel importante para la

aceptación y la integración en el grupo de los alumnos y alumnas repetidores, de los que han llegado nuevos al centro, de aquellos que están poco incluidos en el grupo, o de aquellos que manifiestan dificultades en la vida de relación en el aula.

- De los alumnos repetidores. Tienen un alto riesgo de encontrarse nuevamente con dificultades. Si han estado un curso más en un ciclo, suele ser por causas que hay que tener especialmente presentes. Además, el hecho de estar un curso más en un ciclo supone, el curso siguiente, iniciar un período de adaptación en otro grupo, con todo lo que eso representa. El docente prepara cómo los va a recibir el grupo-clase, la manera cómo los acoge, sobre todo si prevé que pueden tener dificultades de integración. Para los repetidores tienen en cuenta especialmente las aportaciones que les puede ofrecer la clase, los pequeños grupos, y los compañeros más cercanos.
- De los alumnos nuevos en el centro. El docente es quien mejor puede presentarlos al grupo-clase, facilitarles la acogida, y ubicarlos con los compañeros que más los puedan ayudar a orientarse en la nueva situación y a integrarse.

El lugar que ocupan en la clase los alumnos y alumnas que requieren atención especial
No es indiferente el lugar físico del aula donde se ubica cada uno. Porque las condiciones varían y afectan al alumnado a favor o en contra de los aprendizajes y del entendimiento con los demás.

El docente intenta ubicar a los alumnos y alumnas con más necesidades de ayuda en el espacio de la clase que tiene más tendencia a recorrer. Es sabido que hay lugares en el aula que tienen tendencia a estar más atendidos que otros; esto debe tenerse en cuenta para aumentar la atención allá donde se necesite y para poner al alumno o a la alumna más necesitados en los lugares más atendidos.

La heterogeneidad de niños y niñas o de chicos y chicas
Tendemos a favorecer grupos mixtos, de niños y niñas o de chicos y chicas. Si bien en algunas edades pueden tender a agruparse por separado, procuramos equilibrar los pequeños grupos en este sentido.

La comodidad del docente y la comodidad del alumnado
En la formación de los grupos consideramos que es especialmente necesario que el docente se sienta cómodo con la organización hecha, así como que los alumnos y alumnas se sientan igualmente bien. En ocasiones una agrupación puede cumplir todos los criterios sugeridos, pero no agradar al maestro o al profesor encargado; o bien algunos alumnos o alumnas pueden no encontrarse bien en el grupo en el que tendrán que trabajar o con algunos compañeros con los que compartirán trabajo. Nos parece importante tenerlo en cuenta, con el fin de hacer los agrupamientos necesarios para que el docente se sienta satisfecho y el alumnado trabaje cómodo.

La movilidad de los pequeños grupos

Podríamos considerar dos extremos en lo que se refiere a la movilidad: el grupo que cambia continuamente a los integrantes, en cada sesión; y el grupo fijo en el que por lo general no se observan cambios.

De hecho, de este último caso existen buenas experiencias: el trabajo con grupos fijos, donde cada componente tiene unos papeles determinados asumidos, corresponde a una modalidad de trabajo interesante.

Pero en nuestra práctica hemos optado por orientar la formación de grupos relativamente fijos, que periódicamente, por ejemplo cada trimestre, se deshacen y vuelven a hacerse.

Contemplamos dos tipos de cambios: uno *puntual*, cuando el docente se da cuenta de que un grupo tiene dificultades en su funcionamiento y estas dificultades podrían corregirse introduciendo una pequeña modificación, como puede ser cambiando uno o dos componentes. Se trata de hacer modificaciones puntuales, conservando intacta la mayor parte de los pequeños grupos. El otro cambio *generalizado* es cuando el docente deshace todos los pequeños grupos y vuelve a reagrupar al alumnado, de manera que cada uno cambia de compañeros de trabajo y de grupo.

Entendemos que, en general, todos los compañeros del aula tienen que aprender a trabajar con todos los demás o con casi todos. Por lo tanto, mientras no se tope con situaciones especialmente difíciles por incompatibilidad entre alumnos, de lo que se trata es de que si hay dificultades en la eficacia o en el entendimiento en los grupos, los componentes aprendan a resolverlas, más que a sortear obstáculos, y no sólo trabajen con los compañeros con los que cada uno se entiende mejor.

Otras formas de trabajo complementarias en la organización en pequeños grupos

El alumnado tiene que aprender a trabajar solo, en pequeños grupos y en gran grupo. Tradicionalmente se ha potenciado el trabajo individual: se han alternado explicaciones del docente delante de toda la clase con actividades de los alumnos realizadas individualmente, sin dar lugar al trabajo en pequeños grupos. Entendemos que es una manera de trabajar que se ha de complementar, del mismo modo que tampoco sería pertinente que pusiésemos una organización y un funcionamiento en el aula que olvidase el trabajo individual. Pero en realidad, lo que se suele desatender es el aprendizaje del trabajo en grupo. Haremos, a continuación, una relación de otros tipos de agrupaciones que se utilizan dentro y fuera del aula:

- Todos los alumnos y alumnas sentados en el suelo, delante de la pizarra o la cartelera: para algunas actividades de lectura o escritura colectiva en educación infantil, el docente utiliza la pizarra o la cartelera, espacios comunes que permiten la visualización de las escrituras y el contraste entre diferentes hipótesis a partir de una producción.
- Todos los alumnos y alumnas sentados en el suelo, en círculo, encima de la

alfombra: para actividades de lenguaje oral, como explicación de cuentos, de vivencias, conversaciones, etc. La disposición circular encima de la alfombra permite crear una situación comunicativa muy apropiada para alumnos de primeros niveles.

- Todos sentados en pequeños grupos en las mesas, construyendo textos en la pizarra y en la hoja alternativamente. Por ejemplo, cada pequeño grupo escribe una canción conocida o un dicho, a continuación entre todos la corrigen en la pizarra. O bien, de manera parecida, trabajan temas en los que descubren el entorno. Pueden ser actividades en gran grupo, de escritura colectiva en la pizarra y de escritura individual, o por grupos en la hoja, de explicación de problemas en la pizarra y a continuación de resolución de situaciones similares en pequeños grupos en la hoja.

- Todos en las mesas realizando actividades que requieren interactuar con todos los compañeros del aula: el docente puede pedir, por ejemplo, en cada pequeño grupo de una clase de párvulos que haga el listado de todos los compañeros que se quedan en el comedor, o de todos los niños y las niñas. Si el grupo de trabajo tiene que hacer una lista con nombres de compañeros que no saben escribir, los tendrán que consultar. De este modo, el educador pone las condiciones para favorecer la interacción entre todos los alumnos y alumnas del aula.

- Agrupaciones de los alumnos y alumnas de niveles parecidos: cuando interesa trabajar por niveles y utilizar simultáneamente dos actividades, una para los más evolucionados y otra para el resto de la clase, el docente puede formar dos grupos por nivel, sentados así por mesas, o mucho mejor incluso, mientras unos se sientan por grupos realizando una actividad, otros se agrupan para hacer otra.

- Trabajo dentro del aula con una parte del alumnado, mientras la otra parte está haciendo una actividad fuera. El maestro de apoyo puede tener un papel importante para facilitar situaciones como ésta: puede coger media clase e ir a trabajar en otro espacio, mientras el resto de los alumnos y alumnas se quedan en el aula.

- Todos los alumnos sentados en pequeños grupos, pero haciendo actividades individuales. No tenemos que confundir trabajar en grupo, y sentarse en grupo. En este caso, los alumnos y alumnas se sientan en grupo, pero cada uno tiene su hoja o su material, y trabaja por su cuenta. En ocasiones puede ser conveniente explicar a toda la clase que la actividad preparada es para hacerla cada uno, sin consultar con sus compañeros.

- Trabajar por rincones: los alumnos, sobre todo de primeros niveles, se agrupan en diversos espacios en el aula, dispuestos a trabajar por rincones.

- En pequeños grupos o individualmente fuera del aula: una parte de las actividades requiere el uso de espacios externos en el aula: la biblioteca, el patio, el aula de informática, de música, de tecnología, el huerto, otros espacios exteriores al centro, etc. Algunas pueden llevarse a cabo en horario escolar, y otras fuera de clase. Hay actividades individuales para las que necesariamente se tienen que usar estos espacios: buscar el material en casa, recoger información en la biblioteca, etc.

Entendemos, por lo tanto, que el trabajo en pequeños grupos tiene que ocupar un lugar de consideración en la organización y funcionamiento de los procesos de enseñanza-aprendizaje, pero articulado con un amplio abanico de recursos organizativos que incluyen, como hemos dicho, el trabajo en gran grupo y el individual. La práctica de estas tres formas de trabajo ha de ser consecuente, de hecho, con los objetivos pretendidos en cada caso.

El papel del docente en la formación de los pequeños grupos

En nuestra propuesta es el docente quien toma las decisiones sobre las agrupaciones del alumnado en el aula. De la misma manera que es quien se encarga de la dinámica de clase. Consideramos que es más ventajoso que sea él quien decida las agrupaciones porque es el que tiene el saber más elaborado sobre las condiciones óptimas del aula para favorecer el despliegue de las capacidades del alumnado. Otra posibilidad es pedir a los alumnos y alumnas que se agrupen libremente, pero los criterios de agrupación que utilizan no tienen en cuenta las óptimas condiciones de cada uno para el despliegue de sus capacidades; no suelen pensar en equilibrar los grupos de modo que incluyan alumnos y alumnas de diversos niveles. Muy al contrario, en muchas ocasiones observamos que los alumnos y alumnas menos dotados quedan arrinconados, mientras que los conflictivos se juntan y forman un grupo en el que no se trabaja. Para evitar estas situaciones, el docente debe decidir los integrantes de cada pequeño grupo.

Esto no quiere decir que no se tenga en cuenta la voluntad del alumnado. Se trata de formar grupos en los que, además de ser eficaces en las tareas, los componentes se sientan cómodos. Por lo tanto, uno de los criterios que debe tenerse presente en la formación de los grupos es la previsión de si los alumnos y alumnas se llegarán a sentir bien. En este sentido ya hemos dicho que un sociograma podría aportar información valiosa para saber qué elecciones mutuas hace cada uno, y tiene en cuenta, al mismo tiempo, como criterio de agrupación, las afinidades y los rechazos entre ellos.

Para decidir las agrupaciones del alumnado, es preciso que el docente disponga de la información referente a los niveles, ritmos e intereses de cada uno, de los alumnos con capacidad para informar, de los más necesitados de ayuda, etc.

Un centro habituado a hacer demandas de asesoramiento para temas de estas características puede enriquecerse sustancialmente si solicita un acompañamiento en la toma de decisiones sobre la formación de pequeños grupos. Como veremos más delante, en este sentido, el asesor tiene un papel significativo para ayudar a establecer los criterios que se utilizarán para las agrupaciones en la valoración previa de niveles, ritmos e intereses de los alumnos y alumnas, en la detección de los que requerirán más ayuda; puede colaborar, al mismo tiempo, en la decisión sobre el lugar de cada uno. Además de trabajar haciendo observaciones en el aula, puede estar atento al funcionamiento de cada grupo y de cada alumno para complementar la percepción que el docente tiene del aula con lo que vaya observando y valorar los aciertos y los errores en la formación de los pequeños grupos.

Por lo tanto, el acompañamiento del asesor, puede concretarse en la valoración de los alumnos y alumnas, en la toma de decisiones sobre las agrupaciones, en la observación en el aula y en la valoración de su funcionamiento.

2

La dinámica de trabajo

En el capítulo anterior hemos explicado la formación de los pequeños grupos: quién los forma, cómo, con qué criterios, etc. En el momento en que cada uno de los grupos se dedica a una tarea se genera una dinámica de trabajo que les puede permitir llegar a los objetivos que se hayan establecido. Los grupos deberán llevar a cabo una tarea fijada y cada integrante deberá asimilar unos conocimientos sobre el área de trabajo, y sobre el funcionamiento en grupo. La *intervención del docente* a lo largo del proceso será, sin duda, determinante. Así, el docente debe establecer las condiciones de trabajo óptimas y llevar a cabo un seguimiento de cada grupo, desde el principio, para garantizar que el trabajo sea adecuado. Ello supondrá la utilización de una serie de procedimientos para incidir en los grupos que sea necesario reorientar, o cuya forma de trabajar se deba perfeccionar. La intervención del experto tendrá como objetivo instaurar las condiciones apropiadas, mantener las dinámicas de trabajo que ya funcionan e incorporar cambios en aquellas que lo requieran. Y aún, finalmente, intervendrá para hacer tomar conciencia a los grupos de las condiciones de trabajo establecidas, de los procesos que han llevado a cabo y de los resultados obtenidos.

El manejo de la dinámica de trabajo, tal como la definimos, supone tener conocimiento de algunos fenómenos que se producen en los grupos, en lo que respecta a la participación y a los roles que aparecen en ellos. El docente ha de tener claro cómo desea que sea el funcionamiento de cada grupo, y deberá ir interviniendo para definirlo sobre la base de sus intenciones.

Entre las diferentes formas de llevar la dinámica de trabajo al aula, hemos optado por un modelo de funcionamiento próximo al de los *Grupos Operativos,* tal como los han definido Pichon-Rivière (1985) y Bleger (1985). Algunas de las propuestas de estos autores nos han parecido interesantes y factibles, y las hemos incorporado a la práctica de manera estricta; otras nos han parecido más difíciles de aplicar y no las hemos propuesto para el contexto de las aulas. La intervención del docente en la dinámica tendrá que hacer posible que cada pequeño grupo se enfrente a la tarea presentada de forma eficaz y con una óptima capacidad de entendimiento entre sus integrantes. Esto debe posibilitar a cada componente las mejores condiciones de aprendizaje. Cada integrante deberá apropiarse de determinados conocim i e ntos específicos de las materias que se trabajen y, al mismo tiempo, de conocimientos sobre el trabajo en equipo en sí; deberá integrar conocimientos y habilidades que propiamente aporta la tarea, y facilitar estos aprendizajes a otros compañeros del grupo. Asimismo, deberá adquirir una serie de habilidades y actitudes necesarias para el trabajo en grupos operativos. Esto requiere que cada integrante aprenda a participar y a dejar participar; a tomar decisiones en grupo y a estimular a los demás a que también las tomen, a ayudar a los demás a asimilar conocimientos y a saber pedir ayuda cuando lo necesite, a valorar positivamente a los compañeros y a hacerse valorar en los mismos términos, a resolver de manera eficaz los conflictos y problemas que aparezcan, a mantener las condiciones ambientales óptimas de ruido y movimiento para el trabajo en equipo, y a adquirir otras habilidades interpersonales que convengan a la mejora de la tarea y de la dinámica de grupo. Veremos a continuación la noción de grupo operativo y después cada uno de estos apartados, junto con el papel del docente en el manejo de la dinámica del aula.

Los grupos operativos

Bleger (1985), partiendo de Pichon-Rivière, define el grupo operativo como «un conjunto de personas con un objetivo común que intentan abordar trabajando en equipo».

En esta definición podemos señalar, como mínimo, dos aspectos relevantes: en primer lugar menciona que los integrantes de un grupo operativo tienen un *objetivo común*. Por lo tanto, si no existe este objetivo común, formarán un grupo, pero no un grupo operativo. Podríamos añadir, además, que tener un objetivo común no es, ciertamente, aparentar que se tiene, ni tenerlo formalmente, sino compartirlo de hecho.

El segundo aspecto a tener presente es que este conjunto de personas intenten *abordar el objetivo común operando en equipo*. Esto requiere que los componentes cooperen, que tengan la suficiente disponibilidad para interaccionar activamente en dirección al objetivo que abordan. La acción conjunta es imprescindible y se ha de dar espontáneamente en el grupo, no debe ser impuesta desde fuera.

Un grupo operativo puede ser, por ejemplo, un equipo de remeros que participan en una carrera: son un grupo, sus integrantes comparten un mismo objetivo, y pretenden alcanzarlo actuando en equipo.

En un aula escolar, la disposición física del alumnado en pequeños grupos en las mesas puede ayudar en el trabajo en grupos operativos, pero no es necesariamente una característica determinante: los alumnos y alumnas pueden estar sentados, por ejemplo, en mesas de cuatro y realizar actividades individuales cada uno en su hoja, lo cual no sería trabajar como grupo operativo. Y, de hecho, realizar una única actividad tampoco garantiza un funcionamiento en grupos operativos, porque es posible que no se impliquen activamente todos los componentes de los grupos.

Pero los autores que tomamos como referencia todavía añaden un componente más a la definición: una buena parte del trabajo del grupo operativo consiste, dicen, en *entrenarse para operar en equipo*. En el campo de la enseñanza, los grupos se entrenan, también, *para aprender*.

Por lo tanto, por una parte deben cooperar en la consecución de unos objetivos fijados, existe una tarea que llevar a cabo; pero por otra parte está la tarea de aprender a trabajar en equipo, a cooperar. Bleger y Pichon-Rivière otorgan una importancia considerable al aprendizaje de la cooperación. Las dificultades que cada grupo encuentra en las tareas, las estrategias que deberá emplear para resolverlas y los conflictos que aparecen entre los integrantes han de ser resueltos por el mismo grupo y en el momento en que van apareciendo; deberán tomar conciencia de lo que les pasa, del porqué y de las estrategias que pueden emplear para incidir en la situación.

En un enfoque didáctico basado en el trabajo en grupos operativos el papel del formador cambia radicalmente: en un planteamiento tradicional hay una persona que enseña y otra, o un grupo, que aprende. Trabajando con grupos operativos esta disociación debe suprimirse: el formador deja de ser quien sistemáticamente se coloca en el lugar del saber y sitúa al alumnado en el de la ignorancia, para pasar a una posición que estimule que el grupo, mediante la cooperación, construya los conocimientos. No se trata tanto de transmitir información como de conseguir que los integrantes asimilen formas de aprender.

No es infrecuente que un cambio como éste genere una cierta ansiedad, por el hecho de que docente y alumnado abandonan una conducta estereotipada; dejan lo que están habituados a hacer para explorar formas más novedosas para ellos.

El educador que coordina un grupo operativo ha de sentar las condiciones para que el pensar y trabajar en común resulte eficaz; es, en gran parte, responsabilidad suya que la interacción del grupo posibilite, de manera óptima, la construcción de los conocimientos propuestos.

Para los autores referidos, lo que enriquece o empobrece a los integrantes de un grupo, lo que los cura o los enferma, son *las condiciones en las que se realiza la tarea* y el *tipo de vínculo* o relación *interpersonal* que establecen mientras trabajan. El coordinador de un grupo operativo establece las condiciones para que el grupo se enfrente de manera eficaz a las tareas, para que los componentes logren unas relaciones satisfactorias, y para que cada uno disfrute de las mejores condiciones posibles para el enriquecimiento personal. Esto supone, en ocasiones, intervenir para que el grupo modifique pautas poco funcionales y maneras de funcionar distorsionadas.

Los integrantes de un grupo operativo no sólo han de aprender a pensar, sino también a observar, a escuchar, y a relacionar sus propias opiniones con las de los demás. No es necesario hacer nada para que se establezca el proceso dialéctico del pensar, porque es espontáneo, pero hay mucho que hacer para eliminar barreras y bloqueos que lo impiden: el pensar en grupo no puede darse si dedicamos las horas de clase a actividades individuales que, además, no interesan al alumnado, y con la prohibición explícita de hablar. En un grupo operativo, los integrantes participan espontáneamente.

El educador acompaña a los grupos operativos a lo largo de los procesos que llevan a cabo: al principio de un trabajo pueden sentirse confusos, desorientados, temerosos de no saber enfrentarse a él; más adelante, se pueden quedar atascados, encontrar pesado el trabajo y no hallar la manera de hacerlo avanzar. Cada una de estas situaciones puede requerir la intervención externa en el grupo para garantizar que encuentre un funcionamiento óptimo.

Igualmente es preciso intervenir en la dinámica del grupo para trabajar las dificultades que se presentan en la comunicación: por ejemplo, en general, en los grupos encontramos miembros que, al intervenir, facilitan la comunicación de los demás, pero también hay otros que la bloquean o pretenden controlarla; algunos hablan para evitar que otros componentes intervengan; existen miembros que utilizan formas de bloquear o distorsionar el funcionamiento del grupo, que pretenden acaparar la participación; que siempre repiten lo mismo; que ya tienen una posición tomada y pretenden defenderla; que están, por sistema, en contra de todo, etc. En estos casos se da una degradación de los aprendizajes, y el grupo puede debilitarse, desorganizarse, y disminuir su eficacia como grupo operativo o deteriorar las condiciones que deberían permitir el enriquecimiento personal de cada integrante.

El docente que coordina el grupo operativo debe facilitar el diálogo, evitar enfrentamientos estereotipados para que las contradicciones se resuelvan en síntesis productivas; garantizar que el grupo no desestime ninguna opción ni sugerencia de forma apriorística, hacer posible la participación de todos, evitando que nadie la acapare ni la centre excesivamente en sí, y procurando que el grupo no quede atrapado en intervenciones «en disco» ni en actitudes evasivas. En todo caso, deberá hacer lo posible para centrar el diálogo entre los componentes del grupo y no acaparar las intervenciones: cuando el diálogo y la comunicación en el grupo funcionan bien, el coordinador tiende a abstenerse de participar. Al mismo tiempo, no olvida que, en la técnica operativa, interesan los resultados de la tarea, pero que parte de su función es interesarse por los seres humanos que intervienen y por su enriquecimiento personal.

Las aportaciones de los autores a los que hacemos referencia pueden enriquecer considerablemente el trabajo en pequeños grupos en las aulas. Como ya hemos dicho, en nuestra práctica asesora hemos incorporado una parte importante de su pensamiento al trabajo en pequeños grupos. Pero en esta incorporación hemos tenido siempre en cuenta las características propias de cada centro, de cada docente, de cada tarea y del grupo de alumnos y alumnas con los que, en último término, trabajaremos. Estamos convencidos de que no se puede aplicar indiscriminadamente la técnica de los grupos operativos sin tener en cuenta cada uno de estos factores mencionados; hay docentes que sacan mucho provecho de aplicar de manera considerablemente estricta la propuesta esbozada, mientras que otros pueden tropezarse con dificultades considerables para hacerlo o, simplemente, pueden preferir otros estilos de trabajo. Existen tareas muy apropiadas para llevarlas a cabo con esta orientación, pero otras exigen separarse de ella en algunos aspectos. Las características del grupo-clase, la edad de los alumnos, el nivel de interés por el trabajo, o la conducta en general del alumnado, pueden favorecer el trabajo en grupos operativos, o bien exigir modificaciones de mayor o menor importancia.

En los párrafos siguientes nos centraremos en el manejo de la dinámica de los grupos operativos. Nos parece, sin embargo, digna de mención la *situación diferencial* descrita, dependiente de la idiosincrasia de cada situación. Querríamos destacar, también, que el docente no les dice a los integrantes de cada grupo cómo se han de organizar; no les indica, por ejemplo, quién ha de hacer de secretario, de portavoz ni quién debe escribir: da la consigna de que se organicen e interviene, si lo cree oportuno, durante el funcionamiento del grupo.

La participación

El eje de participación

Uno de los temas fundamentales para trabajar en pequeño grupo es el de la adecuada participación de cada integrante. Algunos autores han organizado conceptualmente este tema sobre la base de lo que se ha denominado el *eje de la participación* (Saint Arnaud, 1981). El eje de participación permite dar alguna respuesta a la pregunta sobre la mejor manera de que dispone cada integrante de contribuir a su grupo, de participar de manera adecuada.

La idea fundamental propuesta aquí es que en la participación de los integrantes de un grupo de trabajo podemos diferenciar cinco posiciones. Cualquier componente, en un momento determinado, está ocupando una de las cinco. La posición es una categoría descriptiva que permite situar un miembro según el *grado de compromiso que, en un momento determinado, tiene en el grupo.* Las cinco posiciones son las siguientes:

1. *Posición de centro.* Es la posición del que, en un momento determinado, hace una aportación destinada a orientar al grupo. Ocupa una posición de centro el componente que propone una solución global a un problema, resume o reorienta el trabajo en grupo. El coordinador de un grupo, cuando actúa como tal, tiende a ocupar esta posición.

2. *Posición de emisor.* Es la posición que ocupa cualquiera de los integrantes cuando hace una aportación personal, dando una opinión, haciendo un comentario, expresando acuerdo o desacuerdo con el punto de vista del grupo, etc.

3. *Posición de receptor.* Un componente ocupa la posición de receptor cuando sigue con atención e interés el movimiento del grupo, sin intervenir; cuando está en una actitud receptiva.

4. *Posición de satélite.* Es la posición del que, en un momento determinado, está abstraído de la meta común, distraído, o hace una intervención sin relación con el tema que el grupo trabaja.

5. *Posición de ausente.* Un componente ocupa esta posición cuando físicamente no está presente en el grupo: porque está enfermo, llega tarde o ha abandonado momentáneamente el lugar de reunión.

A lo largo de los procesos de trabajo, cada componente se desplaza por diversas posiciones del eje de participación. Algunos tienden más a ocupar la posición central o la de emisor; otros se posicionan más como satélites o como ausentes, algunos tienden a mantenerse mucho en la posición de receptores. Al mismo tiempo, considerando el grupo como tal, podemos observar también a aquellos que sobrecargan las posiciones 1 y 2, que son grupos muy activos, y a los que tienden a las posiciones 4 y 5, en los que hay una pérdida de interés por las tareas comunes.

Podemos aplicar este análisis de la participación al trabajo en pequeños grupos en las aulas. Desde el punto de vista de los procesos de aprendizaje que debe hacer cada alumno o alumna, conviene que todos tengan suficientes oportunidades de colocarse en la posición central y en la de emisor, y que cada uno sea capaz de facilitar este mismo posicionamiento a los demás. La posición 3, de receptor, es aquella en la que todos han de aprender a estar más tiempo, porque cada vez que un componente interviene, conviene que el resto se mantenga en la posición de escucha atenta. Para que un miembro pueda ejercer mejor las funciones de emisor es necesario que los demás ocupen la posición de receptores. Y, recíprocamente, no se puede permanecer mucho tiempo en la posición de emisor sin volver a la de receptor, porque supondría un monopolio de la atención del grupo.

Finalmente, las posiciones 4 y 5, de satélite y de ausente, no enriquecen ni a aquellos que en ellas se ubican, ni a los demás componentes del grupo.

Cualquier grupo operativo de alumnos ha de aprender a organizar la participación de manera óptima. Cada integrante tiene que aprender a participar y, al mismo tiempo, a dejar participar. El docente tiene un papel fundamental para acompañar este aprendizaje. En este sentido, en nuestra práctica asesora hemos observado algunos puntos claves que es importante tener presente y que vamos a desarrollar a continuación.

La participación de todos los miembros del grupo

Una de las primeras consecuciones importantes en el trabajo en grupo es que trabajen todos. Todos los componentes se han de implicar activamente en la consecución de la meta común establecida. Si bien podemos considerar consubstancial de cada individuo la tendencia a ser más o menos participativo, debe haber un mínimo de equilibrio en la participación, que garantice unas suficientes condiciones de aprendizaje para todos.

Por lo tanto, cada uno de los alumnos y alumnas de un grupo operativo ha de saber que en la participación óptima debe existir un considerable equilibrio participativo, ha de saber participar y dejar participar lo bastante, y ha de tener buena disposición para el equilibrio participativo.

Formulado en estos términos, los integrantes de cada grupo no solamente han de saber participar *todos*, sino *todos lo suficiente*. Necesariamente se debe alcanzar un cierto equilibrio participativo.

Pero, al mismo tiempo, podemos hablar de la necesidad de un cierto equilibrio decisorio: no estamos acostumbrados a interactuar sobre la base de una tendencia al equilibrio en la toma de decisiones. Muy al contrario, con mucha frecuencia los integrantes de los grupos quedan atrapados en una lucha por hacerse con el poder decisorio: apropiarse de la capacidad de tomar decisiones, de manera ilimitada, con pocos miramientos por si se desatiende la necesidad ajena de toma de decisiones. Si el equilibrio participativo es un reto a conseguir, tanto en chicos y chicas como en adultos, el equilibrio en la toma de decisiones está, todavía, a mayor distancia de ser resuelto de manera satisfactoria para todos.

Tanto en la participación como en la toma de decisiones podemos diferenciar, desde el punto de vista del análisis conceptual, cuatro posiciones, según la capacidad de cada alumno o alumna de apropiarse de ellas o de facilitárselas al resto de sus compañeros:

El alumno o alumna que sabe participar, decidir y que al mismo tiempo facilita la participación y la toma de decisiones ajenas

Consideraríamos que tiene bien resueltas estas capacidades. Podríamos añadir, aún, la valoración de los conocimientos fácticos o conceptuales y de las actitudes, valores y normas. En este caso deberíamos hacer mención de si conoce las ventajas que genera para el grupo el equilibrio participativo y decisorio, si está bien predispuesto a participar y al mismo tiempo a facilitar la participación de los compañeros; si apunta en estos mismos términos la toma de decisiones, si promueve normas en favor de este equilibrio y si lo tiene por un valor considerable.

El alumno o alumna que sabe participar y decidir, pero que no favorece la participa - ción ni la toma de decisiones de los demás

Son alumnos o alumnas que hacen, pero que no dejan hacer; participan mucho, pero no dejan participar, hablan y no dejan hablar, interrumpen y no tienen en cuenta a los demás, sabotean sus intervenciones, quieren decidir, mandar, dirigir, salirse con la suya por encima de todo, hacer que el grupo haga lo que ellos quieren, aunque el grupo mayoritariamente quiera hacer otra cosa.

Entendemos que estos alumnos, de los dos aprendizajes sobre participación y toma de decisiones, tienen uno logrado, pero les queda por asumir el otro: han aprendido a participar y a decidir, pero han de aprender a dejar participar y a decidir lo suficiente a los demás compañeros del grupo.

Podemos comparar la participación con un pastel: todos han de tener acceso a comerse un buen trozo; algunos pueden tener más hambre y repetir, si sobra; otros pedirán un trozo menor. Pero tan malo sería no apropiarse de la parte que más o menos toca a cada uno, como acaparar tanto que los demás se quedasen sin comer. Así mismo se puede entender la participación y la toma de decisiones: todos han de aprender a acceder a ella, y al mismo tiempo a no invadir el espacio de los demás.

Contribuir desde la escuela a instalar una cultura sensible a evitar las diferencias exageradas y empobrecedoras nos parece tan importante como instalar el respeto a la diversidad como valor. Y no solamente evitar las diferencias exageradas y empobrecedoras, sino al mismo tiempo seleccionar las estrategias empleadas para regularlas: para regular la participación y la toma de decisiones se pueden emplear estrategias de diálogo que pretendan llegar a acuerdos, o estrategias de fuerza, que aspiren a resolver el problema de la participación «por las bravas»; participa y decide el que se impone, el que puede más. Entendemos que es una tarea de la escuela el desarrollo de la capacidad de diálogo para llegar a acuerdos.

El alumno o alumna que no interfiere la participación ni la toma de decisiones de los demás, pero que no participa ni decide

Es el caso contrario de la situación anterior y nos lo encontramos numerosas veces: en ocasiones son alumnos o alumnas tímidos, inhibidos o poco interesados en el trabajo, que están incluidos físicamente en el grupo, pero que no saben, no quieren o no pueden intervenir. Permiten que el grupo avance en su movimiento constructivo, pero sin ellos, con lo cual pierden posibilidades de aprender y tampoco enriquecen a los demás compañeros con sus aportaciones.

El alumno o alumna que no participa, ni deja participar; y ni decide, ni deja decidir
Finalmente, no es difícil observar en las aulas alumnos o alumnas que ni hacen ni dejan hacer: más bien se dedican a poner obstáculos a los avances de la tarea de grupo. Sus intervenciones, cuando existen, tienen efectos negativos en el progreso de la tarea, en el buen entendimiento de los componentes, o en ambos aspectos. A veces parece que pretendan destruir los proyectos de grupo, más que construirlos; en ocasiones parece que ni viven, ni dejan vivir.

La intervención del docente puede estar dirigida a hacerlos tomar conciencia de su modo de estar en grupo, y de las consecuencias y efectos secundarios que tienen sus intervenciones. En la medida de lo posible, el educador puede dirigirlos a pensar en el significado de lo que hacen: ¿Por qué no trabajan ni dejan trabajar? El significado de su posición puede estar relacionado con el tipo de tarea (no les gusta, no les interesa...), con su vínculo con el resto de los compañeros del grupo (disfuncionalidades en las relaciones), o con su propia historia personal. Lo más frecuente suele ser encontrar un híbrido que reúne dos o tres de estas razones. El docente puede definir su posición desde el punto de vista de aprendizajes que deberán asimilar: tienen que aprender a participar y a decidir de manera enriquecedora para el grupo, y han de aprender a facilitar que los demás también participen y decidan lo bastante.

La participación y el alumnado con necesidades educativas especiales

Uno de los aprendizajes más difíciles que han de llevar a cabo los grupos operativos, referente a la participación, gira en torno de los alumnos o alumnas que tienden a aislarse, los que generan rechazo y los que manifiestan unos niveles de aprendizaje muy inferiores a los de los demás. La participación del alumnado con necesidades educativas especiales en el trabajo en pequeños grupos es especialmente importante para integrarse en el funcionamiento del grupo-clase. El docente tiene un papel determinante para posibilitar un lugar a estos alumnos y alumnas, sobre todo a los que manifiestan hándicaps importantes. En cada caso se tendrá que ver, de hecho, lo que pueden hacer y lo que no.

El grupo ha de aprender a respetar la diversidad existente de ritmos, niveles y características de cada uno de sus compañeros, y dar suficiente entrada participativa a todos. Y esto supone un reto nada fácil. En todo caso, podemos definir sus progresos, en lo que se refiere al aprendizaje del trabajo en grupo, desde el punto de vista de capacitación para la integración de todos sus componentes, tanto de aquéllos a los que participar y dejar participar les resulta fácil, como de los que manifiestan dificultades en una u otra consecución.

El papel del docente en el equilibrio participativo y decisivo de cada alumno

Entendemos que el educador tiene un papel determinante en el tema de la participación del alumnado: puede fijar las condiciones para reducirla al mínimo (por ejemplo, haciendo que los alumnos y alumnas se sienten en mesas individuales con la prohibición de hablar, y la imposición de sanciones si lo hacen), o instalar un funcionamiento que la favorezca. En todo caso, en la línea de trabajo que exponemos, deberá tener en cuenta los aspectos siguientes:

Justificar la manera de estar con los demás basada en la cooperación

Explicar que de las diferentes maneras de estar en grupo aprenderemos las que favorezcan que todos puedan participar, tomar decisiones, que cada uno se sienta bien con los demás, aceptado, valorado, querido, protegido, respetado y ayudado. Que aprender en el ámbito de la vida de relación supone considerar valiosas estas incorporaciones, así como adquirir habilidades para instalarlas y actitudes que vayan a su favor. Por lo tanto, el docente puede justificar el porqué del aprendizaje del trabajo en grupos operativos, y, dentro de éste, el papel que juega la participación de cada uno.

Implicar a todos los componentes en la tarea

Como mencionaremos más adelante, es necesario que el docente consiga la implicación del alumnado en la tarea que llevarán a cabo: en la valoración de lo que saben cuando la empiezan, en el proceso de trabajo, y en la evaluación de los resultados obtenidos y de los procesos que han llevado a ellos.

Intervenir en la organización, dinamización y selección de tareas

Entendemos que hay, como mínimo, cuatro momentos clave para conseguir una adecuada participación y acceso a la toma de decisiones de todos los alumnos y alumnas. Veámoslo a continuación:

- *En el diseño de los grupos.* El docente que conoce al alumnado es capaz de predecir, con notable grado de acierto, en qué grupos los componentes serán capaces de participar de manera adecuada y en cuáles no: en muchas ocasiones se puede prever que si un alumno determinado se junta con según qué otros, se formará un grupo en el que difícilmente todos los miembros conseguirán participar de manera adecuada. Por lo tanto, cuando el docente forma los grupos, tendrá en cuenta que se puedan entender, en este sentido.
- *Cuándo propone el trabajo.* Cuando el grupo asume el encargo de realizar un determinado trabajo es un momento adecuado para transmitirles que tendrán que llevarlo a cabo entre todos y que todos tendrán que trabajar lo bastante. Si es el docente quien lo propone, puede insistir en que lo han de hacer entre todos y preguntar, al mismo tiempo, por las estrategias que emplearán para que todos puedan participar. Puede decir: «¿Cómo os organizaréis para hacerlo entre todos?»; «¿Cómo os aseguraréis que todos participan lo bastante? Pensároslo y me lo contáis luego».

De esta manera da una indicación y una pregunta que la facilita. Con la indicación deja claro que todos se han de implicar en el trabajo; con la pregunta induce al grupo a reflexionar sobre las estrategias que utilizarán para cumplir el requisito. Para acabar, asegura que más adelante el grupo le tendrá que explicar cómo se han organizado para garantizar que ningún componente quede excluido del trabajo.

- *Durante la actividad.* A lo largo del proceso de trabajo en pequeños grupos hay que asegurarse de que todos participan. Por eso el docente va yendo de grupo en grupo. En el movimiento que lleva a cabo por los grupos, está atento a este aspecto. Cuando detecta a un componente que no participa, tiene a su alcance diferentes posibilidades, de las cuales mencionaremos tres:

  - La primera, dirigirse al grupo y responsabilizarlo de la exclusión del componente: si el grupo tenía el encargo de organizarse de manera que todos participaran, y alguien no lo hace, el grupo ha incumplido una indicación clara del docente. En este caso se define el fracaso en la participación de todos como un aspecto a mejorar por el grupo, como algo que habrá que ir aprendiendo. No se trata de culpabilizarlo, pero sí de hacerle asumir una buena parte de su responsabilidad.

    Damos mucha importancia a esta intervención: por el hecho de que, por así decir, el «síntoma» pueda aparecer en el que no participa, el grupo no queda al margen, sino que tiene algo que ver: el grupo como tal juega un papel fundamental en la inclusión de todos sus componentes, o bien en la exclusión de uno o de una parte. Creemos que es básico implicar al grupo en los fenómenos de este tipo que aparecen.

  - La segunda posibilidad, dirigirse al componente que no participa: si bien el grupo como tal es responsable de la implicación de todos sus componentes, algo pone el que no participa para que sea él y no otro el que se retrae. Por lo tanto, creemos que no sería tampoco adecuado omitir lo que pone de su parte el excluido, y el docente puede optar por preguntarle por qué no participa, recordarle que tiene que hacerlo, e incluso, en último término, sugerirle momentos y formas de hacerlo.

  - La tercera, emplear las dos intervenciones anteriores al mismo tiempo. De hecho se pueden entender de manera complementaria y utilizarse a la vez: el grupo está implicado en la falta de participación de los componentes que no intervienen, y éstos también; unos y otros manifiestan en este punto algo que resolver; tendrán que aprender a ser incluyentes y a incluirse como participantes.

- *Al final de la actividad.* El cuarto momento que tenemos presente para hacer que todos los alumnos y las alumnas participen en el trabajo es el momento final de la actividad propuesta. El docente puede reiterar en la pregunta sobre las estrategias que cada grupo ha empleado para incluir a todos los componentes en el trabajo. Un encargado de cada grupo puede explicar a los demás grupos los procedimientos empleados para garantizar la participación. De esta manera hay un traspaso de información entre los grupos, que puede facilitar que en ulteriores sesiones incorporen estrategias que no habían empleado antes.

Si, además de contrastar estas estrategias, el docente propone que valoren cuáles han funcionado y cuáles no, ayuda a que el propio grupo y los demás tomen conciencia de las maneras más eficaces de organizarse para cumplir el requisito de trabajar todos y de conseguir que todos participen y tengan acceso suficiente a la toma de decisiones.

Aprender a ayudar y a dejarse ayudar

En el trabajo en grupos operativos, tal como hemos planteado, los diferentes integrantes tienen que haber aprendido a ayudarse mutuamente y a dejarse ayudar. Desarrollando el tema de la ayuda podríamos decir que:

- Cada alumno y alumna tiene que saber en qué consiste y en qué no consiste ayudar a los compañeros: si les tiene que ayudar a aprender, algunas intervenciones son válidas para este objetivo, pero otras no. Esto mismo se puede aplicar a las aportaciones de los demás a los aprendizajes propios. Por lo tanto, han de saber qué es ayudar y qué no.
- Han de saber utilizar estrategias para ayudar a aprender y para hacerse ayudar: algunos alumnos y alumnas son muy hábiles, ya de muy pequeños, a la hora de enseñar a los compañeros; otros, en cambio, no aciertan con la manera de hacerlo.
- Tienen que estar bien dispuestos a ofrecer ayuda a los que la precisan, y han de entenderlo como un valor positivo; cada grupo puede funcionar con la norma implícita de que hay que ayudar a los que lo necesitan y pedir ayuda a los compañeros cuando sea necesario. Aprender a ayudar y a pedir ayuda es bueno, útil y agradable. Y, además, favorece unas relaciones difícilmente compatibles con descalificarse, ridiculizarse, dominarse, etc.

Por lo tanto, el trabajo en grupos operativos se aparta de las formas individualistas de aprender, en las cuales cada uno va a la suya, y de las formas competitivas, en las cuales de lo que se trata, sobre todo, es de ganar. Ni en unas ni en otras hay un lugar fundamental para la ayuda. En el trabajo en grupos operativos, en cambio, es básico.

Desarrollando los conocimientos procedimentales sobre la ayuda, podemos tipificar cuatro situaciones posibles según el alumno o la alumna:

El alumno o alumna que sabe ayudar a otros compañeros cuando lo precisan, y que sabe pedir ayuda cuando la necesita

Parte de los alumnos son hábiles para ofrecer ayuda a los compañeros, incluso sin que nadie se la haya pedido explícitamente, y no tienen dificultades para hacerse ayudar cuando lo necesitan. Observamos a alumnos y alumnas de párvulos que ya no manifiestan dificultad alguna en estas habilidades.

El alumno o alumna que sabe ayudar, pero que no pide ayuda

Algún que otro alumno tiene el hábito de dar respuesta acertada a las peticiones de ayuda de los compañeros, pero, en cambio, pide muy poca colaboración a los demás, aunque la necesite. Podríamos decir que ha aprendido a ayudar, pero que tendrá que ir aprendiendo a dejarse o a hacerse ayudar por los demás.

El alumno o alumna que no ayuda, pero que se hace ayudar

Existen alumnos y alumnas que han adquirido la habilidad de hacerse ayudar por los compañeros cuando les hace falta, pero en cambio ellos ayudan muy poco o nada cuando se lo piden o lo necesitan los compañeros. Podríamos decir que son alumnos que saben hacerse ayudar, pero que han de aprender también a ayudar a los demás.

El alumno o alumna que ni ayuda, ni se deja ayudar por los compañeros

En este caso, formulado desde el punto de vista de aprendizaje, podríamos decir que han de aprender las dos habilidades.

Podríamos hacer un análisis parecido ateniéndonos a las actitudes en pro de la ayuda, y al valor atribuido a esta manera de ser con los demás.

La intervención del docente en el aprendizaje de la ayuda

El docente tiene un papel considerable para favorecer actitudes predispuestas a ayudarse, para enriquecer el abanico de procedimientos que emplean los alumnos y alumnas, y para dar a entender que la ayuda es algo importante. En todo caso ha de fomentar, al mismo tiempo: ayudar, dejarse ayudar y pedir ayuda. Entre las intervenciones posibles para trabajar el tema querríamos comentar dos:

- La apertura conceptual del tema: hablar de la ayuda en clase, definirla, mostrar las ventajas que tiene, los efectos que genera, etc.
- Las intervenciones que favorezcan el dar y el recibir ayuda durante el trabajo en grupo. En numerosas ocasiones se puede responder a peticiones de alumnos y alumnas con intervenciones como:
  - «¿Quién te podría ayudar a resolver esto que me preguntas?»
  - «Busca a alguien que te ayude.»
  - «¿Quién puede ayudar a X a hacer tal cosa?» (Dirigiéndose a un grupo pequeño o a toda la clase.)
  - «Ayuda a X a hacer tal cosa.»
  - «¿Qué podríais hacer para ayudar a X?»

En la reflexión colectiva después de una actividad, el docente puede hacer que los alumnos y alumnas pongan en común las diferentes estrategias empleadas para ayudarse y hacerse ayudar.

La autonomía en el trabajo en grupo

Los grupos operativos han de ser capaces de adquirir un nivel considerable de autonomía. Esto implica que puedan funcionar con poca ayuda exterior, que no necesiten constantemente un adulto que los oriente. Han de aprender a agotar los recursos internos para realizar las tareas y para conseguir un buen entendimiento mutuo. Las peticiones de ayuda externa están justificadas en la medida en que aparecen situaciones no resolubles con los recursos internos que tiene el grupo para afrontarlas.

Pero, por otra parte, entendemos que han de ser capaces de buscar recursos fuera del grupo cuando lo necesiten: han de poder buscar con agilidad los medios exteriores necesarios para resolver situaciones improductivas que rebasan sus posibilidades y amenazan la agilidad en la resolución de las tareas o el buen entendimiento del grupo.

Para fomentar la autonomía de los grupos, el docente, como hemos visto, devuelve en espejo las consultas que, a su juicio, el grupo es capaz de resolver solo. Por ejemplo, puede preguntar qué opinan de lo que le preguntan, y cómo lo resolverían ellos. Los anima a que solucionen entre ellos todo lo que esté en sus manos. No transmite los conocimientos y procedimientos de los que los alumnos o alumnas se pueden apropiar por sí mismos. Y, en cambio, muestra conformidad ante las conductas autónomas de los alumnos y alumnas y de los grupos. Esto no excluye que aporte información cuando lo crea oportuno; pero es especialmente sensible al establecimiento de condiciones que estimulen al grupo a trabajar de forma autónoma.

La agilidad en el trabajo

Un grupo operativo ha de adquirir una dinámica de trabajo ágil. Para conseguirla, en ocasiones, se necesita un cierto tiempo. Muchas veces la lentitud en la resolución de las tareas se puede entender como exponente de dinámicas disfuncionales o desacuerdos: no es infrecuente que detrás de la escasa capacidad de hacer avanzar una tarea se oculten desacuerdos sobre la participación, la toma de decisiones, la metodología que se debe emplear, que no se sepa cómo realizar la tarea, o que falte interés.

El educador puede ayudar al grupo a tomar conciencia de por qué el trabajo avanza tan despacio, y a identificar las acciones que han de llevar a cabo para agilizarlo. En este sentido puede preguntar: «¿Qué os pasa que vais tan despacio?», «¿Qué podríais hacer para ir más deprisa?».

Los roles

El eje de participación, como hemos visto, nos aporta un marco de referencia valioso para analizar la dinámica de los grupos operativos, porque nos permite evaluar algunas características de su funcionamiento, y orientar las intervenciones del docente hacia lo que hemos denominado *participación óptima*. Nos interesa complementar este análisis con lo que nos puede aportar la descripción de los roles, los papeles que espontáneamente se ejercen en el trabajo en equipo.

Como decíamos en un trabajo anterior sobre esta temática (Bonals, 1996), cuando un grupo se dedica a una tarea, sus componentes asumen una serie de roles, la adecuada articulación de los cuales deberá posibilitar que la tarea se lleve a cabo con buenos resultados y en un clima de trabajo óptimo. En un grupo operativo, desde el momento en que empieza a funcionar, sus miembros ejercen roles diferentes. Podemos diferenciar los roles en dos bloques: los que tienen un efecto favorecedor del trabajo y del buen entendimiento del grupo, y los que tienen un efecto interferidor. Los primeros se suelen denominar *roles positivos* y los segundos *roles negativos*.

Los roles positivos muchas veces se diferencian, aún, en los que tienen un efecto favorecedor del trabajo, y los que afectan sobre todo al bienestar del grupo, su buen entendimiento y su continuidad.

Hemos observado algunas diferencias entre los roles encarnados por los alumnos y alumnas en situación de grupo operativo en las aulas y los jugados por los adultos trabajando en equipo. Algunos aparecen de forma muy frecuente, otros, más de vez en cuando; y muchas veces cambia la forma en que se ejercen. Veamos ahora algunos roles que aparecen en el trabajo en pequeños grupos en el aula.

Roles favorecedores de la tarea

Como hemos dicho, ayudan al grupo a iniciar el trabajo, a reunir las ideas necesarias para ponerlo en marcha, a buscar información, a evaluar la tarea, a centrar el tema y a coordinar todo el proceso.

Iniciar

En cualquier grupo operativo hace falta que alguien inicie el trabajo. A veces, a los componentes les cuesta ponerse a trabajar; en otras ocasiones, los grupos se ponen manos a la obra inmediatamente.

Hemos observado que, en el trabajo en pequeños grupos de alumnos y alumnas, con mucha frecuencia quien ejerce este rol es el docente, que marca el momento de inicio, comprueba que los grupos obedezcan la consigna e interviene si no es así. En lo que respecta a las iniciativas internas del grupo, muchas veces vemos que algunos alumnos o alumnas se centran en el trabajo y, con ello, arrastran a los demás a hacer lo mismo. En lugar de realizar propuestas del tipo «¿qué tal si empezamos?», se ponen a trabajar e inmediatamente los demás los siguen.

Proponer ideas, ofrecer y pedir información, pedir y dar opiniones

Éstos son roles que aparecen constantemente durante el trabajo en grupo: en una parte importante de las intervenciones se solicita información sobre la forma de hacer el trabajo, materiales (la goma, el lápiz, la hoja, etc.), se hacen comentarios, se dan opiniones, etc. Algunos alumnos y alumnas son especialmente hábiles para proponer ideas u ofrecer las explicaciones necesarias para hacer el trabajo. En todo caso, es importante que los componentes de cada grupo aprendan a ejercer estos roles, porque de ello dependerá la posibilidad de enriquecerse con las aportaciones de los demás y de enriquecer a los demás y al grupo: es preciso que cada alumno sepa hacer que le expliquen lo que no entiende y conozca lo que opinan los demás; y al mismo tiempo que pueda manifestar sus propias opiniones y conocimientos.

Evaluar

Uno de los roles que aparecen de manera continuada en los grupos de trabajo es el de evaluar. Los alumnos y alumnas observan constantemente las producciones de los compañeros y se las corrigen; confrontan producciones, comprueban si coinciden con lo que harían ellos, muestran conformidad y disconformidad, y proponen borrarlas y rehacerlas. Entendemos que el rol de evaluar tiene una importancia fundamental en el aprendizaje mediante la interacción entre iguales y que hay que garantizar que esté muy presente en los procesos de trabajo en pequeño grupo.

Centrar el tema

En muchas ocasiones los grupos dejan de estar concentrados en la tarea iniciada y se ponen a hacer otras, o a hablar de un tema que no tiene nada que ver. En el trabajo en pequeños grupos en el aula las salidas de tema son muy frecuentes, y conviene que algún componente del grupo vaya reconduciendo nuevamente la atención a la tarea. Muchas veces la vuelta al tema se hace cuando un componente se vuelve a centrar en él, sin hacer comentarios, y los compañeros lo siguen.

Creemos que las salidas de tema deben evitarse cuando aparecen de forma tan reiterada que disminuyen la capacidad de trabajo del grupo; en cambio, no hemos visto que tengan efectos negativos en los grupos cuyos componentes hacen pequeñas pausas en la tarea y la reemprenden inmediatamente. Cuando las salidas de tema se presentan en forma excesiva, se ha de revisar el acierto de la propuesta de trabajo, sobre todo en lo referente al interés que genera en los integrantes del grupo.

Coordinar

En el trabajo en pequeños grupos en el aula algunos alumnos y alumnas hacen intervenciones dirigidas a repartir el trabajo, a integrar las acciones de otros compañeros o a unir la actividad en un todo organizado. Son acciones vinculadas al rol de coordinar. Entendemos que estas intervenciones son valiosas y que se deben favorecer en el trabajo en grupos operativos. En todo caso, las diferenciaríamos de aquellas que están orientadas a imponer decisiones personales al resto del grupo.

Sintetizar, controlar el tiempo y registrar

Éstos son roles que, por lo que hemos podido observar, aparecen más en los adultos que en los grupos de alumnos, sobre todo los de los primeros niveles. El papel de sintetizar no es muy frecuente, tal vez por ser propio de unos esquemas mentales más evolucionados; el control del tiempo, en ocasiones, es un rol que no se cede al alumnado y se continúa ejerciendo por los adultos; y registrar o tomar notas supone también un nivel evolutivo determinado y las circunstancias que lo favorezcan.

Con este listado no agotamos los roles favorecedores de la tarea, pero quedan incluidas en él la mayor parte de las aportaciones que, en este sentido, se dan en los grupos de trabajo.

Roles favorecedores del buen entendimiento y de la conservación de los grupos

Éstos roles ayudan a mantener los grupos en una dinámica positivadora, con un buen clima, y con ganas de continuar trabajando como tales. Entre ellos podemos citar los de animar, conciliar, facilitar la comunicación, transigir, seguir pasivamente, disminuir la tensión o proponer normas. Veámoslos a continuación.

Animar

En los grupos de trabajo formados por alumnos y alumnas no es difícil observar comunicaciones que tienen un efecto estimulante sobre los demás compañeros del grupo. Los componentes se animan mutuamente a actuar; hay un contagio que los hace dedicarse a la acción conjunta. Dentro del rol de animar incluimos las intervenciones que estimulan la participación de los integrantes del grupo.

Conciliar

En los grupos operativos muchas veces hay miembros que tienen facilidad para evitar enfrentamientos entre compañeros; intentan proponer soluciones aceptables para todos. Éste es un rol a potenciar por las intervenciones de los docentes.

Facilitar la comunicación

Algunos compañeros favorecen que el resto del grupo pueda intervenir: en ocasiones dan entrada a la participación de los demás, reparten el trabajo y también las posibilidades de hacer aportaciones al grupo. Como ya hemos comentado, son alumnos y alumnas que saben participar y dejar participar. Son roles a reforzar por quien supervisa el manejo de la dinámica de los grupos-clase.

Transigir

Es el rol que encarnan los alumnos cuando aceptan renunciar a sus propuestas o intenciones para permitir que se adopten otras distintas. Entendemos que son roles positivos en la medida en que favorecen un buen entendimiento en el grupo.

Seguir pasivamente

Existen alumnos y alumnas que siguen de manera atenta e interesada el movimiento del grupo, pero sin participar verbalmente, o con escasas aportaciones. Acompañan la elaboración de la tarea aceptando las propuestas de los demás componentes. Este rol, de hecho, va a favor del buen entendimiento del grupo. Visto desde el eje de participación, coincidiría con la posición de receptor. Si bien no interfiere en el grupo, ya hemos comentado que el docente procura tender a un equilibrio de participación de los integrantes y no permite, por sistema, que haya alumnos y alumnas que se instalen en el rol de seguir pasivamente.

Disminuir la tensión

Son intervenciones que generan un clima distendido, humorístico, entre los compañeros. Hay alumnos y alumnas divertidos, alegres, que hacen que sus compañeros se rían y lo pasen bien, que generan un buen clima de grupo. Estamos, de hecho, acostumbrados a observar un alto nivel de bienestar en los grupos de alumnos y alumnas que trabajan cooperativamente. Pocas veces constatamos situaciones tensas entre ellos; en todo caso, lo más habitual es encontrar altos niveles de acuerdo entre los compañeros de trabajo.

Proponer normas

En ocasiones hay componentes que establecen algunas normas de funcionamiento que todos tendrán que seguir. Por ejemplo, el orden de intervención cuando hacen alguna producción escrita. Algunas normas tienen, de hecho, un efecto favorecedor del entendimiento y el bienestar del grupo. El docente puede favorecer que lleguen a algunas normas de funcionamiento. Por ejemplo, preguntando cómo se organizarán para que trabajen todos bastante.

Roles negativos

Como hemos dicho, son los que comportan efectos negativos para la consecución de la tarea, para el buen entendimiento del grupo, o para ambas simultáneamente. Entre los roles negativos podemos citar los de bloquear, retraerse, jugar, llamar la atención, agredir, dominar y competir. Veámoslos a continuación:

Bloquear

Son intervenciones que obstaculizan el trabajo que está llevando a cabo el grupo, porque desvían la atención fuera del tema, boicotean las propuestas de otros compañeros, instalan posiciones intransigentes o negativistas, etc.

Retraerse

Es la posición del que se desentiende de la tarea, se niega a participar. Visto desde el eje de participación puede ser el que ocupa la posición de satélite. En ocasiones requiere la intervención del docente que, como ya hemos mencionado, no ha de olvidar la implicación de todo el grupo en este posicionamiento disfuncional: se ha de ver qué pone el grupo en la retracción del que se retrae.

Jugar

Entendemos que es un rol negativo cuando supone un claro perjuicio para la tarea o el acuerdo mutuo. En ocasiones son alumnos y alumnas que hacen el payaso cuando no es el momento, o interrumpen con bromas impertinentes.

Llamar la atención

Es un rol que, en ocasiones, está muy ligado al anterior. El alumno que lo encarna pretende centrar la atención del grupo en sí mismo y hace prevalecer esta necesidad suya sobre las conveniencias de los demás y del grupo.

Agredir

En los alumnos y alumnas, el comportamiento agresivo se puede manifestar de formas muy variadas: desde agresiones dirigidas al físico de los demás, hasta las que atentan contra el material personal, la autoimagen o la vida emocional. El grado de interferencias en la tarea o en el acuerdo mutuo depende, en gran medida, de la gravedad de la agresión y de la frecuencia con que aparezca.

Dominar

Los alumnos y alumnas encarnan este rol en el momento en que sus intervenciones tienen por finalidad instalarse en una posición de superioridad y manipular al grupo o a una parte de sus componentes.

Competir
Algunos alumnos y alumnas manifiestan una tendencia a quedar atrapados en situaciones competitivas; polarizan las posiciones y después caen en una competición, que sienten necesidad de ganar.

Si bien en las observaciones que realizamos a grupos de alumnos aparecen los roles negativos mencionados, hemos podido constatar reiteradamente que en situaciones de trabajo en pequeños grupos se dan muy poco: cuando la tarea está bien planteada y en las agrupaciones se han tenido en cuenta los criterios mencionados, los grupos operativos funcionan con muy pocas interferencias en su dinámica causadas por roles negativos.

La intervención del docente basada en el estudio de los roles

El docente puede intervenir en la dinámica de los grupos de alumnos y alumnas sobre la base de los roles que aparecen en ella: estableciendo las condiciones para que unos se refuercen y otros desaparezcan. Como hemos dicho, algunos roles han de tener una presencia constante en el proceso de trabajo en grupo: dar y pedir información, dar y pedir ideas, etc. Otros, por el contrario, se han de eliminar en lo posible: dominar, agredir, retraerse, etc.

Muchas intervenciones en la dinámica de los grupos pueden estar dirigidas a establecer las condiciones para potenciar los roles más necesarios: por ejemplo, el docente puede acostumbrar a los alumnos y alumnas a pedirse unos a otros buena parte de las informaciones que están habituados a consultar al adulto. Asimismo, puede potenciar que los integrantes de cada grupo valoren las producciones de sus compañeros mientras las hacen, que las contrasten por sistema, expresen acuerdo o desacuerdo o se interesen por corregirlas.

Otras intervenciones pueden estar dirigidas a trabajar los *roles negativos*. Ya hemos mencionado algunas, pero querríamos volver a insistir, al menos, en tres:

- La primera, y probablemente la más eficaz, entendemos que consiste en una buena elección de la tarea y las actividades. De esto depende, en mucho, que la dinámica funcione. Sobre todo si va acompañada de un buen grado de acierto en la formación de los grupos.
- La segunda consiste en potenciar los roles de efectos positivos: en la medida en que se instala en el grupo una buena dinámica, se minimiza la presencia de roles interferidores. Estamos convencidos de que se ha de potenciar esta vía, sin duda eficaz y sin efectos secundarios negativos.
- La tercera consiste en trabajar directamente los roles negativos que ya han aparecido. La intervención puede estar dirigida, en primer lugar, a entender por qué aparecen: ¿Qué pasa en el grupo dedicado a la tarea para que uno de sus componentes lo bloquee? ¿Por qué algunos no participan? ¿Por qué uno ha agredido? ¿Se debe a las características de la tarea? ¿Cuánto se debe al grupo y cuánto al individuo bloqueador que se desentiende o que es agresivo?

Averiguado, en la medida de lo posible, por qué pasa lo que pasa, en ocasiones es una buena estrategia hacer que el grupo lo descubra, con intervenciones del tipo: «¿Por qué os parece que os habéis quedado atascados?». A continuación se puede proponer al grupo que se dedique a buscar la mejor solución posible a su situación, para que puedan volver a trabajar con la máxima eficacia y bienestar: «Pensad cómo lo podéis resolver, la mejor manera que encontréis de solucionarlo. Cuando os lo hayáis pensado, me avisáis y lo comentamos».

El complejo: inclusión, valoración, vinculaciones amistosas, respeto y ayuda

Estudiar los grupos operativos desde el punto de vista de la participación y de los roles nos ayuda a entender lo que puede ser una buena dinámica de trabajo, los conocimientos que han de tener sus integrantes para conseguirla, y el papel del docente que los acompaña. En este apartado querríamos complementar lo que hemos expuesto sobre la participación y los roles desde otro punto de vista: el de las necesidades sociales que siente cualquier individuo, y, por lo tanto, cualquier alumno integrante de un grupo operativo.

Desde esta óptica podemos decir que todos los alumnos y alumnas de un grupo-clase, para estar satisfechos de la relación con los demás, necesitan sentirse lo bastante incluidos en el grupo, considerablemente valorados (al menos por algunos compañeros), han de poder establecer vínculos de amistad y sentirse respetados y, cuando lo precisen, ayudados. Al mismo tiempo, entendemos que han de poder satisfacer estas mismas necesidades sociales en los demás.

Formulado en otros términos, diríamos que los integrantes de cualquier grupo pueden llegar a estar muy insatisfechos si se sienten excluidos, menospreciados, sin amigos, poco respetados, y sin nadie que les ayude cuando lo necesitan; al mismo tiempo, cualquier componente puede actuar en sentido contrario a las necesidades sociales de los compañeros.

Estudiaremos, pues, estos temas íntimamente vinculados, que los grupos de trabajo han de aprender a resolver a favor de las necesidades sociales de cada uno de sus integrantes.

La inclusión

Estar incluido en los grupos de iguales con los que se convive es una de las necesidades sociales básicas de cualquier ser humano. Cuando un grupo excluye a uno de sus integrantes, lo suele dejar en una situación muy ingrata y empobrecedora. Es posible aprender a incluir y a incluirse en los grupos con los que cada uno convive: existen conocimientos, habilidades y disposiciones que se pueden aprender para favorecer la inclusión de los demás y la propia en los diferentes grupos que cada uno tiene a su alcance.

En un grupo operativo, cada integrante puede tomar conciencia de la propia necesidad de ser aceptado por el grupo, de la necesidad de inclusión que también los demás tienen, de las diversas maneras de incluir y de excluir, de la posibilidad de aumentar la capacidad inclusiva de los grupos y de las consecuencias y efectos secundarios que se derivan de la inclusión o de la exclusión de los compañeros. Así mismo, los grupos tienen que saber transmitir cómo tienen que ser sus miembros para poderlos incluir, y han de cuidar la propia capacidad inclusiva. Por último, tienen que estar dispuestos a incluir a todos sus integrantes.

Si cruzamos ahora el tema de la inclusión con el que hemos visto del eje de participación, podemos entender que la posición de satélite que hemos descrito puede fácilmente estar vinculada con las dificultades de incluirse en la dinámica de trabajo y con la poca capacidad del grupo de integrar a todos sus componentes. De la misma manera, haciendo referencia a los roles, no es difícil entrever que algunos fomentan la capacidad inclusiva de los grupos —por ejemplo, los de facilitar la comunicación—, mientras que otros pueden ser exponentes de dificultades inclusivas —por ejemplo, el rol de retraerse—.

En lo que se refiere al *papel del docente,* sobre este punto en concreto podemos esbozar las distintas posibilidades de intervención que se indican a continuación:

Introducir el tema desde un punto de vista conceptual
El docente puede explicar que todo el mundo está en grupos y todos tenemos necesidad de sentirnos incluidos, de formar parte de ellos —de la familia, de grupos de compañeros, etc.—. Tiene que demostrar que una manera de vivir justa, equitativa y solidaria supone la inclusión de todos, la aceptación de cada uno con su idiosincrasia, características y necesidades. Puede hacerlos tomar conciencia, además, de cómo se siente un compañero con quien no quieren jugar, o un hijo al que no lo quisiese su familia. Y puede señalar que cada grupo tiene que aprender a integrar a todos sus componentes y tiene que estar bien dispuesto a hacerlo.

Las intervenciones básicas del docente serían las siguientes:
- Preguntar, al final de una unidad de trabajo, si todo el mundo se ha sentido incluido o ha habido algunos compañeros que no. Esta pregunta tendría una respuesta paralela a la pregunta de si todo el mundo ha podido participar bien en el trabajo.
- Proponer que en pequeños grupos piensen las estrategias que han de emplear para que todos se sientan incluidos durante el trabajo. Planteado en estos términos es, al mismo tiempo, una buena actividad para resolver en grupos operativos, y, a continuación, para poner en común entre toda la clase.
- Preguntar, en medio de dos unidades de programación, a cada grupo operativo que piense qué haría en el caso de que un componente se resistiese a participar; cómo lo convencería para incluirlo en el trabajo.

La valoración

Cada alumno y alumna necesita, en mayor o menor grado, que otros compañeros y adultos lo valoren, le transmitan una visión positiva de él mismo. Para gran parte del alumnado tiene tanta importancia el hecho de ser valorado positivamente por los demás que, si no reciben esta consideración se sienten muy insatisfechos en su vida de relación. Debido, entonces, a la importancia del tema, es bueno que cada alumno y alumna sea consciente de que necesita ser valorado positivamente por los otros, más o menos en la misma medida en que el resto de compañeros y adultos con los que convive lo necesitan; que hay valoraciones positivas y negativas, unas agradan y otras incomodan; que hay valoraciones más o menos ajustadas a la realidad. Todo esto son saberes, que es bueno que tengan; pero también conviene que incorporen habilidades. En este sentido pueden aprender a expresar las necesidades de ser valorados por los compañeros y adultos, y a escuchar estas mismas necesidades en los demás. Es posible aprender a expresar aspectos deficitarios de los demás en términos mínimamente hirientes e incidir en el clima de los grupos para crear situaciones en las que los componentes se valoren en términos positivos. Así mismo, puede crearse una cultura en la que exista una predisposición a ofrecer valoraciones positivas, con voluntad de generar bienestar y favorecer las necesidades que tiene cada uno de los integrantes de recibir valoraciones positivadoras.

Haciendo un enlace entre el tema de la valoración y de los roles podemos predecir que instalando en los grupos unas relaciones en las que los integrantes se valoren positivamente entre ellos, se minimizará el ejercicio de algunos roles negativos, como los de agredir, que son difícilmente compatibles con una cultura que pone el énfasis en las potencialidades. De este modo, podemos predecir también que tendrá un efecto potenciador de los roles que favorecen la cohesión de los grupos: previsiblemente será más fácil la comunicación entre los integrantes de los grupos operativos.

El *docente* tiene un papel fundamental para instalar unas relaciones positivadoras entre los integrantes de cada grupo. Al menos, podemos desplegar los recursos siguientes que tiene a mano:

Mostrar, a través de sus comunicaciones con el alumnado, una definición positivadora de cada integrante
Puede dar, como modelo, una descripción de los alumnos y alumnas marcando lo que saben, saben hacer y saben ser, sin ocultar los puntos débiles de cada uno, pero definiéndolos, en todo caso, como aspectos que se deben mejorar, como hitos en proceso de adquisición. Estamos convencidos de que el modelo que da el docente es un recurso muy potente en el momento de instalar una cultura que ponga énfasis en la valoración positivadora de los alumnos.

Explicar al alumnado qué es valorarse positivamente, y cómo se siente una persona cuando los demás la valoran así
Puede ayudar a que el alumno y la alumna se dé cuenta de cómo se siente cada uno cuando se le valoran conocimientos o habilidades del tipo que sea. Así mismo, pueden desplegar las cualidades que es posible aprender a valorar de los demás, cómo hacerlo, etc. Y los efectos benéficos que genera crear un clima en el que los compañeros saben valorarse lo que tienen de positivo. Al mismo tiempo, es posible abrir un espacio conversacional para poner en común qué piensa y qué siente cada uno de las necesidades de ser valorado. En este espacio pueden verse diferentes aspectos posibles de la valoración positiva: hay alumnos y alumnas a los que fácilmente se los puede encontrar valorables por sus dotaciones intelectuales, físico-estéticas, relacionales, de personalidad, habilidades, etc. Por ejemplo, uno p u e-

de tener mucha facilidad para resolver problemas, escribir, jugar a pelota, hacer deporte, divertir a los compañeros o ayudarles.

Las vinculaciones de amistad y respeto

En cualquier grupo-clase los alumnos y alumnas enseguida se conocen y establecen relaciones entre sí, que pueden ser de distintos tipos. Observemos que entre determinados alumnos o alumnas se da una relación más o menos distante o indiferente; entre otros, existe cierta afinidad, y hay algunos que establecen entre sí estrechos vínculos de amistad: además de compartir los mismos espacios físicos y de ser compañeros de clase, son amigos. Tampoco es infrecuente ver aparecer cierto nivel de hostilidad entre según qué alumnos o alumnas. No es frecuente que todos los compañeros o compañeras de clase sean amigos de todos. Pero sí que tendrán que aprender a respetarse, al margen de los vínculos emocionales que hayan establecido: respetar la imagen personal, los aspectos emocionales, los objetos propios de cada uno, la participación en grupo, etc.

Si nos atenemos a lo emocional, aunque hay diferencias individuales apreciables, las vinculaciones amistosas son fundamentales para este ámbito de la vida de las personas. Cada alumno o alumna puede tomar conciencia de las propias necesidades de estar vinculado con los otros; de la sensación de bienestar que genera sentirse querido por los amigos, y de las consecuencias y efectos secundarios de la amistad y la enemistad.

Así mismo, cada alumno o alumna tiene que saber comunicar a los demás compañeros las vivencias y sentimientos que estime oportuno compartir; la intención de hacerse amigo de otros compañeros o conocidos; tiene que saber favorecer que los demás también puedan expresar, siempre que les interese, lo que sienten, y tiene que saber crear un clima favorecedor de las relaciones amistosas. De igual modo, los alumnos y alumnas deben estar predispuestos a establecer relaciones de amistad o de buen entendimiento entre ellos y tienen que percibirlas como algo valorable.

Reforzar las relaciones de amistad entre componentes de un grupo operativo suele aumentar las fuerzas de cohesión de grupo, las ganas de continuar formándolo y lo mantiene en un clima adecuado; aunque no es suficiente para garantizar que se dedique de manera eficaz al trabajo, evita las interferencias que provienen de fracturas en la cohesión y algunos roles negativos. Por lo tanto, favorecer las relaciones de amistad entendemos que, en primer lugar, es bueno en sí mismo, y al mismo tiempo pone algunas condiciones que van a favor del trabajo en equipo. Lo mismo podemos decir del respeto: en la medida que se instala el respeto mutuo en las relaciones entre compañeros, damos calidad a la convivencia y ponemos las condiciones para que los grupos operativos funcionen mejor.

El docente puede definir el respeto mutuo y las vinculaciones de amistad como un valor y puede poner las condiciones para favorecerlo. Entre otras intervenciones tiene la posibilidad de llevar a cabo las que indicamos a continuación:

Definir entre todos la palabra respeto y explicar los ámbitos que puede abarcar

El docente puede proponer definir, entre toda la clase, el término *respeto*, escribiendo la definición en la pizarra, incorporando las aportaciones de toda la clase y, acto seguido, haciendo una lista de los ámbitos en que puede concretarse el respeto mutuo, incluyendo el respeto a las pertenencias de cada uno, a la imagen y a la autoimagen de cada alumno o alumna, etc.

Abrir el tema de la amistad, proponer a los alumnos y alumnas que la definan
Puede crearse un espacio de conversación en el que se hable de qué es y que no es un amigo o una amiga, cómo tiene que ser, cómo se siente cada uno cuando está con los amigos o amigas, etc.

Proponer a los grupos operativos resolver supuestos prácticos
Puede proponer a los pequeños grupos que piensen la manera de ayudar a un hipotético compañero que es rechazado, para que tenga más amigos. ¿Qué haría el grupo? ¿Qué le tendrían que decir?, etc.

La ayuda
La última de las necesidades sociales a las que hacemos referencia es a la de ser ayudado y ayudar. Si bien hemos estudiado algunos aspectos en apartados anteriores, nos parece importante conocerla ahora desde esta perspectiva. Las personas somos seres sociales y necesitamos la colaboración de otros para obtener la mayor parte de lo que necesitamos.

Entendemos que en los centros educativos el alumnado tiene que estar inmerso en una cultura en que la ayuda se presente como valor considerable. Los alumnos y alumnas tienen que saber qué es ayudar a los compañeros, en qué pueden ayudar y hacerse ayudar, así como conocer la necesidad que, más o menos, siente todo el mundo, de este tipo de aportaciones de los demás.

Del mismo modo, tienen que aprender a ofrecer ayudas a los demás y a pedirlas. Las ayudas pueden ir dirigidas a incrementar sus saberes, habilidades, bienestar personal, etc. A la vez, tienen que saberlas pedir cuándo las necesitan: uno de los aprendizajes consiste, como hemos dicho, en aprovechar las aportaciones que los demás pueden hacer para la propia satisfacción. En este sentido, tienen que tomar conciencia de dos formas deficientes posibles: la que consiste en no saberse aprovechar de las aportaciones ajenas y la basada en la explotación o empobrecimiento del otro a favor del propio egoísmo. También tienen que aprender a instalar una cultura grupal en la que la ayuda sea valorada y exista disposición a ayudar a todo aquel que lo pide o lo necesita.

Para el aprendizaje en grupos operativos, la capacidad y buena disposición a ayudar, así como a pedir ayuda cuando haga falta, está claramente a favor de la tarea colectiva y de apropiación de conocimientos de cada uno. Un grupo en el que los integrantes tienen buenas estrategias para ayudarse entre sí, está más capacitado para afrontar las tareas y es más probable que lo haga en un clima de buen entendimiento. Por lo tanto, pensamos que es uno de los aprendizajes que no se nos pueden pasar por alto.

Podemos considerar la protección como una forma de ayuda. Entendida la protección en un sentido muy amplio, incluiría cualquier acción de preservar una amenaza, peligro o daño, propio o ajeno.

Hay acciones dirigidas a la propia protección o a la de los demás, en el ámbito físico, en la vida de relación o en la estabilidad emocional. Saberse proteger cuando es necesario, disponer de estrategias y buena disposición a preservar a los demás, además de tener una importancia en sí mismo que no tenemos que descuidar, es difícilmente compatible con actuaciones contrarias a las necesidades personales y ajenas.

En un grupo operativo los distintos integrantes tienen que saber en qué consiste protegerse y proteger; los ámbitos en los que, en ocasiones, todo el mundo necesita algún tipo de protección; las posibilidades que todo el mundo tiene de preservar a los demás de situaciones que les generen algún problema; tienen que entender la desprotección o la sobre protección como formas deficientes para preservarse a uno mismo o a los demás.

En el apartado de las habilidades, los alumnos tienen que saber escuchar las necesidades de protección de los demás; tienen, también, que saber pedir la intervención ajena en las situaciones que les haga falta y han de saber ofrecerla cuando convenga. De la misma manera, tienen que estar dispuestos a intervenir en situaciones que suponen una amenaza o daño a los demás. Las habilidades o actitudes mencionadas van a favor de la cohesión de los equipos de trabajo y también de la eficaz resolución de tareas.

El docente que tiene a su cargo a alumnos que trabajan en grupos operativos puede intervenir con eficacia para potenciar conocimientos, habilidades, actitudes, valores y normas a favor de la ayuda mutua y dentro de ésta, también en pro de la protección. De las intervenciones posibles destacamos las siguientes:

Verbalizar su propósito de potenciar la capacidad de ayudar y de saber hacerse ayudar
El docente puede comunicar al grupo-clase que más que trabajar individualmente o competir entre ellos, se tratará de aprender a ayudar y hacerse ayudar de la manera más eficaz posible. Y, por lo tanto, pondrá las mejores condiciones para que pueda llevarlo a la práctica.

Detectar aquellos alumnos o alumnas que tienen pocos recursos en el momento de ayudar a los que se lo piden o que no saben hacerse ayudar
E intervenir para incrementar las dos capacidades. Así mismo, puede identificar aquellos alumnos y alumnas que están poco dispuestos a ofrecer ayuda o a pedirla y poner las mejores contingencias que tenga al alcance de la mano para incidir en las actitudes contrarias a la ayuda mutua.

Abrir el tema de la protección
Puede poner las condiciones para que el alumnado tome conciencia del tema, enriquezca las estrategias de protección, aumente la predisposición para proteger a los demás en lo necesario y lo entienda como un valor.

El papel del docente en el manejo de la dinámica de trabajo

Tradicionalmente, el docente se ha dedicado a transmitir conocimientos a los alumnos y alumnas, y éstos a recibirlos y a asimilarlos. Trabajando en grupos operativos, esta función transmisora deviene secundaria, y toma mayor importancia el establecimiento de condiciones para que el mismo grupo, mediante su acción conjunta, se apropie de los conocimientos. Por lo tanto, en lugar de poner el énfasis en la transmisión de conocimientos, se pone en la organización de los grupos, en el diseño de las tareas y en el manejo del grupo-clase, organizado en subgrupos. Procede explicar, en este apartado, algunas de las acciones más significativas que el docente lleva a cabo para el manejo de la dinámica de grupos.

Una vez formados los grupos y establecida la tarea, el educador se distancia del flujo interactivo y observa el inicio del proceso de trabajo. A continuación, se pasea por todos los grupos: se acerca y comprueba que todos han entendido lo que hay que hacer.

En su recorrido por los grupos podemos diferenciar dos tipos de intervenciones: las que lleva a cabo para mantener las condiciones óptimas de funcionamiento, que ya se dan, y las que realiza para introducir cambios en las condiciones. Veámoslas a continuación:

1. *Las intervenciones que mantienen las condiciones.* Son aquellas que se llevan a cabo en los grupos que ya funcionan adecuadamente. El docente se aproxima al grupo y observa si participan todos de manera suficiente, si se intercambian las tareas, son ágiles, trabajan de manera autónoma, hay buen entendimiento en el grupo, se ayudan, se animan, se facilitan la comunicación, etc. Si es así, lo que necesita el grupo es seguir funcionando como funciona. En este caso, el experto meramente se acerca a los integrantes, se interesa realmente por el proceso de trabajo, ofrece su presencia donde el trabajo ya va bien, les muestra su visión positiva del funcionamiento del grupo, les transmite que dentro de poco volverá para ver cómo les va y los deja que vayan haciendo. Por lo tanto, se trata de ofrecer la presencia en el grupo que ya va bien para garantizar que siga así. Los componentes del grupo saben, además, que periódicamente tendrán al educador con ellos, que les escuchará y se interesará por el trabajo.

2. *Las intervenciones para introducir cambios en el funcionamiento de los grupos.* Frecuentemente aparecen fracturas en el proceso de trabajo en grupos operativos. Es responsabilidad del propio grupo encontrar la respuesta adecuada para resolverlas, siempre que sea posible. En ocasiones, sin embargo, puede ser necesaria una ayuda exterior: la intervención del educador. En este caso, su presencia en el grupo tiene sentido para ayudarlo a encontrar o a recuperar las condiciones óptimas de funcionamiento.

En ocasiones, quien detecta disfuncionalidades es el docente; en otras, es el mismo grupo el que pide su colaboración. En todo caso, el docente puede iniciar la intervención tomando conciencia y haciéndosela tomar al grupo de lo que pasa y del porqué: la mayor parte de las fracturas que aparecen en el trabajo en pequeños grupos pueden remitir o bien a la tarea, o bien a la dinámica de trabajo: puede pasar que no se entienda lo que se tiene que hacer, que se encuentre demasiado difícil, o que el grupo sepa que se ha equivocado, pero no sepa dónde; o que exista un conflicto entre los componentes, que existan desacuerdos, miembros que se niegan a participar, que no dejen trabajar a los demás, etc.

Por lo tanto, la primera cuestión es identificar «¿Cuál es el problema?». Si lo ha identificado el educador, puede ser que él sea consciente de lo que les sucede, pero los alumnos no; si es el grupo el que pide la intervención externa, probablemente es el docente el que tiene que tomar consciencia de lo que pasa.

El segundo momento de la intervención en ocasiones consiste en tomar conciencia de las causas subyacentes a la fractura o acontecimiento que exige ser tomado en consideración: «¿Por qué pasa lo que pasa?». No siempre es oportuno detenerse en la comprensión del porqué, pero en la mayoría de los atascos que se producen es conveniente hacerlo.

En un tercer momento procede, muchas veces, impulsar al grupo a la búsqueda de las mejores soluciones posibles para resolver el problema identificado, cuyas causas ya han determinado en la medida de sus posibilidades. El docente puede devolver al grupo la responsabilidad de afrontar las dificultades con las que han topado, con preguntas del tipo «¿Cómo lo podríais resolver vosotros? ¿Que os parece que podríamos hacer? Pensadlo y hablaremos dentro de un rato».

Todavía queda una posibilidad intermedia entre la resolución por parte del experto y la que protagoniza el grupo. Consiste en buscar otros compañeros que colaboren. La pregunta del educador, en este caso, puede ser: «¿A qué compañero o compañera se lo podríais consultar, para que os ayude?» o, más directivamente, «¿Qué tal si se lo preguntáis a fulano?».

Ciertamente, no todas las situaciones difíciles se pueden afrontar con este esquema; hay que analizarlas en concreto y ajustar la respuesta a cada caso. Pero la invariante que preside la actuación del docente exige otorgar al grupo el protagonismo, no sólo en la construcción de los conocimientos, sino también en la resolución de las dificultades organizativas internas y de relación interpersonal que vayan surgiendo. Como dijimos antes, muchas veces el docente que facilita la dinámica de un grupo operativo se limita a devolver una imagen especular de lo que, de entrada, el alumnado pretende que él resuelva como experto externo. El docente emplea este tipo de intervenciones tanto si el grupo reclama conocimientos sobre el tema en que están trabajando o estrategias para afrontarlo, como si aspira a que desde fuera resuelva disfuncionalidades de la dinámica de su funcionamiento. En todo caso, sin embargo, entendemos que el sentido común ha de servir de base para las decisiones del docente en cada grupo y en cada momento: tan inoportuno puede ser el ofrecer, por sistema, conocimientos a los que el grupo puede acceder por sí mismo sin problemas, como forzar actuaciones poco operativas de los alumnos y alumnas para apropiárselos cuando se podría resolver con toda facilidad mediante las aportaciones del experto.

La atención a los procesos y la atención a los resultados

De lo que hemos dicho hasta ahora se desprende que el experto que acompaña el trabajo en pequeños grupos lleva a cabo un seguimiento preciso de los procesos de trabajo en equipo. No desatiende el producto final, la valoración de los resultados, pero su intervención se desarrolla a lo largo del movimiento que realiza el grupo desde el principio hasta el final de los procesos de trabajo. Se trata de garantizar, dentro de lo posible, que el recorrido de los grupos sea enriquecedor para cada uno de sus integrantes, atendiendo a sus características propias. La valoración final puede servir para encarar los productos resultantes de cada grupo, y al mismo tiempo las estrategias empleadas para construirlos y para funcionar con una organización y una capacidad de entendimiento óptimas. Aquí son oportunas las preguntas: «¿Cómo habéis repartido el trabajo entre todos? ¿Cómo os habéis puesto de acuerdo para repartirlo? ¿Lo habéis podido hacer entre todos? ¿Cómo os habéis organizado para participar todos suficientemente? ¿Qué habéis hecho para poderos entender bien?».

La comprensión positivadora de los aprendizajes

Nos referimos, sobre todo, a la predisposición del docente a subrayar los progresos de los alumnos y alumnas en el aprendizaje, por encima de los errores y dificultades de cada uno y de cada grupo. El educador pone énfasis en los conocimientos que ya han adquirido y en los avances en dirección a los objetivos marcados; en lo que ya saben, saben hacer y están dispuestos a saber o a hacer, e indica lo que están en proceso de aprender y de apropiarse. Esta orientación general no excluye que, en determinados momentos, el docente les puede mostrar las carencias, pero definidas desde el punto de vista de aprendizajes en proceso de adquisición.

La regulación del ruido en el aula

No es desconocido el hecho de que trabajando en pequeños grupos en el aula se hace ruido. No es desconocido, y por otra parte es inevitable: quince, veinte o veinticinco alumnos o alumnas agrupados en mesas de cuatro, interactuando todos dentro de un mismo espacio físico de dimensiones limitadas, por fuerza hacen ruido. Cuando se construyeron las aulas probablemente no se tuvo en cuenta esta manera de aprender. Pero, por otra parte, soportar ciertos niveles de ruido durante un tiempo continuado molesta, y es muy saludable evitar que las interferencias acústicas rebasen unos niveles que puedan incomodar al alumnado del aula, a los compañeros de otras dependencias cercanas y a los docentes mismos. Entre otras razones, porque estas incomodidades a veces traen como consecuencia la reducción de los espacios destinados a trabajo en grupos y la vuelta a actividades más tradicionales, resueltas individualmente para cada alumno o alumna. Por lo tanto, conviene mantener un buen control de la contaminación acústica, para evitar que nadie se sienta incómodo por este motivo.

Dadas las condiciones de trabajo existentes en los centros, entendemos que debe ser el mismo docente quien abra el tema y ponga unos límites razonables al ruido, o bien que se acuerden entre todos, e intervenga si no se cumplen.

Existe la posibilidad de considerar el tema de las interferencias acústicas desde una óptica más general: el docente propone dedicar un tiempo a trabajar la contaminación acústica e impulsar a los pequeños grupos a analizar la procedencia de los diferentes ruidos que aparecen (dónde), tanto los que provienen del exterior del aula, como los del interior, su intensidad (cuánto), los momentos en que aparecen (cuándo), los agentes que los generan (quién) y los motivos por los que los emiten (por qué). Sobre la base de este análisis se pueden clasificar los ruidos según su fuente, intensidad y posibilidad de control, y planificar las intervenciones para reducirlos, y decidir cuándo y cómo se hará la evaluación. En este contexto general se incluirán los ruidos generados por el alumnado en el aula: intervenciones en tono demasiado alto, interferencias debidas al poco respeto a los turnos de intervención, desplazamiento de sillas, etc.

En este caso, el papel del experto en el control de este tipo de interferencias puede consistir en impulsar a los grupos operativos a trabajar el tema, identificando los ruidos, clasificándolos, diseñando medidas de intervención, llevándolas a cabo y evaluando los procesos y los resultados.

El papel del docente en la adquisición de habilidades sociales del alumnado

En apartados anteriores han aparecido habilidades que los alumnos y alumnas tienen que adquirir para trabajar en grupo con la mayor eficacia y capacidad de entendimiento posibles: en este sentido, la habilidad de participar de manera suficiente, y, al mismo tiempo, dejar participar a los demás compañeros es una de las adquisiciones más importantes. Formulado en términos negativos, diríamos que tanto el no poder formarse un lugar participativo, como el acaparar el uso de la palabra y evitar que los demás intervengan, sería algo que debería aprenderse a evitar.

La habilidad de escuchar atentamente las intervenciones de los compañeros, sin interrumpirles y mostrando interés por lo que dicen, se adquiere adecuadamente, en ocasiones, sin más ayuda que la práctica conversacional; pero no es difícil observar situaciones, en grupos de todas las edades, en las cuales algunos de los integrantes muestran muy poca capacidad de escuchar lo que dicen los demás y aportan un *feedback* que favorece poco el entendimiento mutuo.

Cuando hemos tratado de los roles favorecedores de la cohesión de grupo, hemos mencionado intervenciones que pueden facilitar la comunicación: dar entrada a la intervención de todos los miembros o estimular las aportaciones de todos. Ambas se incluirían también dentro de las habilidades que los componentes de los grupos operativos deberían ir incorporando.

La falta de respeto a los turnos de intervención es un fenómeno que estamos acostumbrados a ver con frecuencia: algunos individuos y grupos no han conseguido adquirir el hábito de esperar a que quien habla acabe su intervención antes de iniciar la suya propia. Esto también ha de ser una consecución a resolver.

Ya hemos mencionado las molestias que provoca el tono de voz excesivamente alto de algunos alumnos y alumnas, dentro y fuera del aula. La experiencia nos muestra que éste es un tema que debe resolverse satisfactoriamente, pues, de no hacerlo, las consecuencias son muy considerables. Lo mismo le sucede al movimiento del alumnado si sobrepasa los límites tolerables en cada caso.

La connotación positiva de las aportaciones de los compañeros tiene efectos favorables en el clima de grupo. Y, recíprocamente, las intervenciones que apuntan a descalificar una aportación o a desacreditar a los demás compañeros tienden a generar conflictos. Una de las habilidades sociales que hay que tener en cuenta estaría vinculada con los mensajes gratificantes y la contención de los que incomodan a los que los reciben, sin que esto signifique no decir, sino decir de manera que no haga daño, o que haga el mínimo posible.

Las formas de cortesía, entendidas en un sentido amplio, tienen un efecto muy favorable para el trabajo en grupos operativos. Entendemos la cortesía no sólo como la explicitación de los rituales tradicionales de saludos, agradecimientos, despedidas, etc., sino como todas aquellas formas de comportamiento que van a favor de la imagen y las intenciones de los demás. En este sentido, a nuestro entender, la cortesía es importante.

El docente puede intervenir, siempre que lo considere pertinente, para estimular el desarrollo de todas estas habilidades a lo largo de los procesos de trabajo en pequeños grupos.

3

Las tareas

En la definición de grupo operativo que hemos tomado como referencia, la tarea no es un elemento accesorio, del que se pueda prescindir, sino una pieza fundamental: sin tarea, y sin objetivos compartidos, el grupo operativo no existe. Nos encontramos, por lo tanto, retomando de nuevo el contenido de los capítulos anteriores, con otra faceta del complejo conformado por la estructura, la dinámica y la tarea, que sólo por razones didácticas revisamos por partes. En este apartado corresponde desarrollar el contenido mencionado, de manera que oriente, en lo esencial, las decisiones de cualquier docente con voluntad de implementar o revisar su práctica de trabajo en pequeños grupos. Veremos, por ello, las características que han de tener las tareas para hacer posible el trabajo en grupos operativos, el posicionamiento del alumnado ante lo que se les pide que hagan, la organización y el desarrollo de las tareas y las unidades de programación que contemplan el trabajo en pequeños grupos.

Criterios para la elección de las tareas a realizar en pequeños grupos

No todas las tareas son igualmente adecuadas para trabajar en pequeños grupos de forma cooperativa: algunas se adaptan mejor a un trabajo individual, y otras a un trabajo competitivo. En todo caso, acertar en la elección es tan importante como el acierto en la organización de los pequeños grupos y en el manejo de su dinámica. Además, es necesario supervisar su organización y los recursos necesarios para garantizar que el trabajo en pequeños grupos sea eficaz. Como apunta Rué (1989), citando a Mugny y Dosise, refiriéndose al trabajo cooperativo, la cooperación interrindividual no debe arrancar de una consigna verbal, sino de las características específicas de la tarea que se vaya a realizar. Veremos, pues, algunos *criterios* que pueden servir para escogerlas.

Entre los criterios a tener presentes en la elección estaría el de la existencia de una tarea de grupo: como afirma Onrubia (1997), uno de los requisitos fundamentales que se ha de tener en cuenta es que exista una *meta específica* que los alumnos y alumnas deban alcanzar como grupo. Por lo tanto, se entiende que la situación debe implicar, no sólo hacer cosas juntos, sino afrontar y resolver una tarea o problema común y, como consecuencia, aprender alguna cosa. En este sentido, añade, el hecho de que los alumnos y alumnas hablen e intercambien ideas, o, incluso, que puedan ayudarse en un momento dado, no es suficiente para definir un escenario cooperativo, si en último término cada uno está ocupado en su propio trabajo y es capaz de completarlo independientemente de la aportación de los demás.

Diversos autores han insistido en la idea de los objetivos compartidos y del problema o proyecto común como punto de partida del trabajo en pequeños grupos: en la misma definición de grupo operativo que propone Bleger (1985), como ya hemos mencionado, se señala explícitamente que los componentes del grupo han de interactuar sobre la base de unos *objetivos comunes*. De aquí se desprende que, si no se comparten objetivos, no estamos en presencia de un trabajo en grupos operativos, sino de otra cosa. Se deduce también de la misma definición que debe existir una cierta disponibilidad por parte de los integrantes del grupo a abordar las tareas encargadas o decididas.

Aebli (1973) clarificó de manera brillante este tema en un texto que aún hoy en día continúa siendo de utilidad. El autor destaca el acierto de las orientaciones didácticas que tienen la intención de provocar pequeñas *unidades de investigación a cargo de los propios alumnos y alumnas,* con el docente ubicado en un papel de orientador. Una pregunta o un problema como punto de partida de la actividad de un grupo operativo constituye un proyecto de acción, un esquema anticipador. La investigación necesaria para resolver el problema es la realización del proyecto.

El agente director de la investigación no puede estar constituido por nada que no sea un *problema muy vivo* en el pensamiento de los alumnos y alumnas. No se trata, pues, como en el método mayéutico, de dividir lo que se enseñará en una multitud de elementos, que los alumnos y alumnas deberán encontrar como respuesta a preguntas formuladas hábilmente por el docente; no se trata de que éste conduzca a los alumnos y alumnas hacia el resultado que pretende conseguir, llevándolos gradualmente a encontrar la respuesta a cada problema parcial; porque el alumnado debe apropiarse, no sólo de los elementos del nuevo acto intelectual, sino también de su estructura de conjunto. Además, el problema que el alumnado deberá resolver puede presentarse, en muchas ocasiones, de forma práctica; si el docente propone calcular el perímetro de un rectángulo no es lo mismo que si plantea cómo averiguarían la cantidad de cinta que sería necesaria para engalanar el patio de la escuela. Del mismo modo, no es lo mismo aprender a escribir notas en clase o que el docente plantee qué hay que hacer para recordar a las familias que al día siguiente irán de excursión y se han de llevar el bocadillo, y que sobre la base de este acontecimiento induzca al alumnado a redactar una nota en una hoja, que luego cada uno llevará a casa.

Complementariamente a estas aportaciones, podemos mencionar el trabajo por proyectos. En esta línea, Fernando Hernández (1992) se plantea que la base de un proyecto de trabajo puede ser, entre otras, un problema, un conjunto de problemas interrelacionados o un tema determinado. Y pone el énfasis en la organización del problema o tema en sí y en los procedimientos para desarrollarlo.

Por lo tanto, la existencia de una tarea de grupo, que puede partir de un planteamiento o problema a resolver por el alumnado, abre un marco adecuado para el trabajo en pequeños grupos; y si este problema se presenta como emergente de la vida en el aula, mejor todavía.

Otro requisito que ha de cumplir la tarea para posibilitar una resolución en pequeños grupos es que *permita la implicación de todos los integrantes.* Hay tareas que facilitan la participación de todos: los componentes pueden fragmentarlas, distribuirlas, y ejercer diferentes funciones, su articulación lleva al grupo a una meta previamente fijada: la creación de un cuento por alumnos de primaria con la finalidad de llevarlo a una clase de parvulario cuando esté acabado puede suponer la decisión conjunta de los personajes y de las acciones. A continuación puede incluir la elaboración del primer borrador, alternando el papel de escritor y articulando las diferentes aportaciones espontáneas referidas al contenido y a la corrección. Una vez finalizada esta fase, el grupo puede diseñar en común el formato y distribuirse el trabajo de pasar a limpio y el de hacer los dibujos. Por último, irán a la clase de parvulario a presentarlo. En este caso, vemos que la elaboración de un cuento permite, sin grandes dificultades, la implicación de los diversos integrantes de un grupo operativo. Otras tareas lo hacen más difícil: por ejemplo, memorizar tablas de multiplicar probablemente es más adecuado que se haga al margen del trabajo en pequeños grupos. O bien, el lanzamiento de pesas, que es claramente una actividad individual.

Incluiríamos también como requisito a tener en cuenta el de la *adecuada dificultad* de lo que se pide a los alumnos y alumnas. La excesiva dificultad de una tarea puede provocar un bloqueo en la dinámica de grupo si sus miembros no la saben hacer; en este caso es posible que sólo se adecue a los integrantes con niveles de aprendizaje más altos. También se da la situación contraria: que los niveles se adecuen a los bajos y los demás pierdan el tiempo.

Otro requisito, aunque éste no es imprescindible, pero sí facilitador, sería el de la *apertura de las actividades:* dado que en los agrupamientos de base se ha tenido en cuenta la heterogeneidad, facilita el trabajo en grupo el que muchas de las actividades sean abiertas, en el sentido que sean resolubles a diferentes niveles: de esta manera tienen acceso a ellas tanto los alumnos y alumnas que presentan niveles bajos y ritmos de aprendizaje lentos, como los que disponen de más conocimientos y aprenden a ritmos más ágiles; porque cada uno podrá participar a su nivel. Por ejemplo, la construcción de textos (noticias, cartas, textos expositivos, cuentos, poemas, etc.) permite esta diversidad de niveles de resolución. Tender a trabajar con actividades abiertas facilita el trabajo del docente y le ofrece más garantías de acierto en la adaptación a la diversidad.

También es importante el criterio de la *duración óptima de las actividades.* El tiempo que requieren para ser resueltas determina, en ocasiones, su idoneidad o falta de ella. Hemos observado en múltiples ocasiones que aparecen dificultades porque las actividades programadas han sido demasiado largas o demasiado cortas. Por ejemplo, en los primeros niveles (párvulos 4 años y párvulos 5 años) el alumnado puede iniciarse en el trabajo en grupos operativos, pero en actividades de duración no superior a unos minutos. Cuando se prolongan, los alumnos y alumnas pierden interés, se cansan y, si el docente no los sigue muy de cerca, puede ser que cada uno vaya a su aire. A medida que los cursos avanzan es posible alargar el tiempo de las actividades, y las tareas pueden comprender varias sesiones de trabajo. Pero en el otro extremo estarían las actividades excesivamente cortas: un grupo operativo precisa de un cierto tiempo para ponerse en funcionamiento. Si las actividades son demasiado cortas, en ocasiones no hay tiempo para que todos se impliquen; y, si lo hacen, al cabo de poco tiempo ya han terminado, y si no tienen nada que hacer provocan interferencias en clase. Las actividades excesivamente atomizadas muchas veces generan también dificultades en el manejo de la clase.

No deberíamos olvidar el criterio según el cual las tareas *se han de poder resolver más fácilmente en pequeños grupos que individualmente.* Algunas tareas, realizadas en grupo, son más fáciles, y el producto final sale mejor; permiten articular los conocimientos de los componentes y sus habilidades diferenciadas, y los resultados son más elaborados que los que obtendrían los diversos integrantes del grupo trabajando de forma individual. Por ejemplo, cuando se trata de corregir un texto escrito, normalmente con la suma de las aportaciones de los miembros se consigue un producto más preciso que el que sería capaz de conseguir cualquiera de los componentes solo. En cambio, hay tareas que, abordadas en grupo, todavía son más lentas.

En la elección de las tareas se debe tener en cuenta, asimismo, que algunas predisponen a un trabajo individual, otras a un trabajo competitivo, y otras a uno cooperativo. Pensemos, por ejemplo, en algunos deportes: jugar al tenis es difícil plantearlo como una actividad individual o cooperativa; en cambio, el piragüismo es posible como actividad individual o de grupo; y se puede optar por una situación competitiva, si el objetivo es llegar el primero, o por una cooperación entre los componentes de una misma piragua, que reman para hacer un recorrido.

Al finalizar la tarea, la satisfacción por los resultados debe ser compartida por todos los integrantes del grupo. Cuando han cumplido los objetivos fijados, entendemos que debe haber un espacio para reflexionar sobre los procesos y los resultados, y para recrearse y disfrutar como grupo del trabajo realizado, con el acompañamiento del docente y el reconocimiento de los otros grupos del aula. En ocasiones, este momento de celebración del trabajo hecho se minimiza o se olvida; estamos convencidos, sin embargo, de que hay que tenerlo presente.

El grupo debe disponer de las *informaciones, materiales y recursos suficientes* para resolver la tarea. Además de la disposición física del alumnado, hay informaciones y recursos materiales necesarios para llevarla adelante. El docente tendrá que decidir, en cada actividad, qué materiales serán de uso individual y cuáles de uso colectivo. Por ejemplo, los grupos pueden trabajar todos en la misma hoja o en hojas individuales, o con lápices, gomas, colores, etc., compartidos o no. Asimismo, habrá que pensar en los libros de consulta y demás materiales que se empleen.

La posición del alumnado ante la tarea tiene una importancia fundamental para garantizar el adecuado trabajo en equipo. Podemos considerar, en este sentido, la correcta comprensión por parte de todos de los objetivos que se persiguen. No siempre es fácil conseguir que todos los alumnos y alumnas del grupo operativo entiendan de manera precisa los conocimientos que el docente desea que adquieran sobre el tema trabajado y sobre la capacidad y disponibilidad de trabajo en pequeños grupos. El alumnado ha de entender, por ejemplo, que de lo que se trata es de aprender y de aprender todos, por medio de las actividades propuestas, y que, además de preocuparse del producto que elaboren, deberá estar alerta para que todos puedan aprender bastante a lo largo de las actividades, y para que haya un buen entendimiento entre ellos.

La *aceptación real* de llevar a cabo la tarea es, también, un requisito determinante. En ocasiones se da el caso de que una parte de un pequeño grupo, o todos sus componentes, carecen de interés en llevar a término la tarea propuesta; o bien, empeorando todavía más la situación, que haya un claro rechazo a afrontarla. Cuando pasa esto, casi siempre aparecen fracturas en la participación de algunos componentes, y la tarea no avanza o se hace mal. Creemos que es muy difícil mantener un trabajo eficaz en pequeños grupos si no se aciertan a poner las condiciones para que el alumnado tenga una cierta disponibilidad hacia las propuestas didácticas. Desgraciadamente, en ocasiones se dan situaciones en las que el docente cada vez ha de insistir más para que el alumnado o parte del alumnado se enfrente a tareas que no les interesan, y a éste cada vez le interesa menos lo que el docente le propone. Los alumnos o grupos que caen en esta circularidad autoperpetuante difícilmente consiguen un buen trabajo en pequeños grupos.

La organización y el desarrollo de las tareas

Hasta ahora, en este capítulo, hemos estudiado las tareas ateniéndonos a las características propias de cada una y a los criterios que se podían usar para seleccionarlas; al mismo tiempo hemos considerado el posicionamiento del alumnado ante ellas. En este apartado fijaremos la mirada en su organización y desarrollo dentro de las unidades de programación.

Existen propuestas didácticas que hacen posible estructurar las actividades en el aula de forma global e interactiva, independientemente de los contenidos particulares que se trabajen. Como aclara Luque (1989), una actividad se puede denominar *global* si implica una acción completa en la que los que la han de realizar parten de una situación conocida, saben qué hacer, tienen idea de cómo se hace, entienden por qué la realizan y la saben llevar a término más o menos bien y a veces de más de una manera. Al mismo tiempo, reconocen lo que hacen como suyo y se responsabilizan de ello.

Esta caracterización de actividades globales e interactivas implica que el alumnado tenga presente la situación de partida, que las pueda planificar representándose anticipadamente el resultado, y realizarlas de acuerdo con esta representación previa de los resultados y de los objetivos. Por último, ha de poder evaluar los resultados. A lo largo de todo este proceso el profesor o profesora estimula el avance de las actividades hasta que queden completadas, y hace un esfuerzo continuo para conseguir la máxima coherencia entre los momentos del proceso. Asimismo, procura evitar la tendencia a omitir alguno de estos momentos.

La organización y funcionamiento de la tarea puede estar pensada para contener actividades en gran grupo, en pequeños grupos e individuales, de manera que el proceso suponga un constante ir y venir, que articule las actividades individuales con las experiencias colectivas de aprendizaje. Por lo tanto, puede ser una forma de trabajo que fomente a un tiempo los hitos colectivos y los individuales.

En esta organización hay que examinar, en cada caso, qué se deja como decisión del alumnado y qué es lo que decide el docente. Existe, en este sentido, un buen abanico de posibilidades, exponentes de la apertura a las decisiones del alumnado, o de la asunción de estas decisiones por parte del educador. Este abanico de posibilidades se da en cada uno de los momentos que atraviesa cada grupo en su tránsito hacia la resolución de las tareas: en la elección de los proyectos de trabajo el alumnado puede tener, como hemos dicho, un mayor o menor protagonismo; en la manera de afrontarlos, existe la posibilidad de ceder muchas decisiones a los pequeños grupos, y en la valoración de los procesos y resultados es posible poner más o menos énfasis en la autoevaluación por parte del mismo alumnado.

Siguiendo de cerca, con unos pequeños cambios, la propuesta organizativa de Alonso Luque, podemos diferenciar los cuatro momentos siguientes:

Primer momento: elección de tareas

Podemos considerarlo el inicio de un proyecto de trabajo o unidad de programación. En este sentido, el que toma la decisión puede ser el docente o los mismos alumnos, colectivamente, en pequeños grupos, y, si se da el caso, individualmente. Cuando la decisión está a cargo del docente, éste puede tener en cuenta los intereses del alumnado, aunque en el punto de partida no se formulen de manera explícita. Si la decisión la toma el alumnado, la elección del tema suele partir, de manera explícita, de sus intereses. Se puede optar porque los diferentes grupos afronten un mismo proyecto, o, por ejemplo, para hacer que cada pequeño grupo escoja uno diferente. La elección de la tarea puede representar una decisión que abra un marco de diversas sesiones de trabajo, articulando actividades en gran grupo, en pequeños grupos e individualmente; o bien puede afectar sólo a una sesión, compuesta por una o varias unidades.

Segundo momento: elaboración de planes

En muchas ocasiones, después de escoger la tarea, conviene analizar los conocimientos previos del alumnado y precisar los objetivos que se pretenden al final. A veces el docente lleva a la clase, de manera explícita, a poner en común lo que saben o saben hacer de entrada sobre el tema que se empieza a trabajar; en otras ocasiones este análisis pasa más desapercibido, por diversas razones, una de las cuales puede ser que el educador presupone que tiene un conocimiento lo suficientemente exacto del punto de partida del alumnado. De hecho, basándose en este punto de partida se podrán precisar los objetivos a cumplir cuando se acabe la unidad. Es muy orientador para los alumnos que, al iniciar una unidad de programación, se les clarifiquen los conocimientos de que deberán apropiarse a lo largo del proceso de trabajo.

Dentro de este segundo momento también se incluye, cuando se da, la elaboración de planes para hacer frente a la tarea. Igualmente, en este momento el protagonismo puede recaer más en el docente o en el alumnado; sobre la base del estilo diferenciado de cada educador se definirá una situación más o menos directiva y las decisiones sobre las estrategias a emplear recaerán sobre el alumnado en mayor o menor medida. Como ya hemos explicitado en capítulos anteriores, la intervención docente por la que optamos se basa en dejar que los pequeños grupos se organicen, observar cómo lo hacen e intervenir sólo si la organización se constata poco adecuada.

Tercer momento: realización práctica

Con la tarea escogida, los conocimientos de que parten los alumnos conocidos, los objetivos a cumplir precisados y las actividades de enseñanza y aprendizaje esbozadas, el alumnado se dedica a realizar el trabajo diseñado. La diversidad de objetivos, tareas y estilos de trabajo definirán la idiosincrasia de cada unidad de trabajo. Las sesiones marcarán, casi siempre, unidades temporales, que contendrán otras más reducidas, determinadas por el inicio y el final de cada actividad. A lo largo del proceso se diversificarán y al mismo tiempo se articularán las acciones de los alumnos en la medida en que la tarea sea interactiva. Finalmente, se llegará al fin del recorrido.

Cuarto momento: evaluación de procesos y resultados

Concluida la realización práctica, los alumnos han elaborado unos productos y han asimilado unos conocimientos. El educador los puede dirigir a un espacio metalingüístico donde se repiense el recorrido que juntos han llevado a cabo y se valore la situación final. Es el momento de comprobar el grado en que se han cumplido los objetivos propuestos, sin olvidar la reflexión sobre el propio trabajo en equipo, así como el interés que cada uno ha sentido por la tarea. Y también, en este cuarto momento, procede reservar un espacio para poner en común la satisfacción personal por el trabajo hecho.

El trabajo en pequeños grupos en las áreas curriculares

En este apartado nos proponemos mostrar, en concreto, algunas formas de sistematizar el trabajo en pequeños grupos en las áreas curriculares. Entendemos que hay muchas maneras válidas de organizarlo, pero también es cierto que algunas propuestas didácticas facilitan más que otras la práctica del trabajo en pequeños grupos, como ya hemos dado a entender en los dos apartados anteriores. Nos parece importante recopilar los aspectos valiosos que pueden tener las múltiples experiencias de organización del trabajo en pequeños grupos, así como evitar posicionamientos que se presenten como adecuados y definan los que se desvíen de ellos como inadecuados: hay propuestas que parten de los intereses de los alumnos y otras que sólo los tienen en cuenta; existen maneras de trabajar en pequeños grupos que siguen rigurosamente el criterio de heterogeneidad en las agrupaciones, mientras que otras trabajan con grupos más homogéneos, por niveles; uno puede entender que un grupo operativo ha de poder compartir un proyecto común y que este proyecto no es compatible con actividades individuales que se desvíen de él, o bien puede organizar unidades didácticas en las que se alternen objetivos compartidos con otros indivi-duales, aprovechando la interacción de los grupos como base de los aprendizajes.

En la propuesta que explicaremos, el trabajo en pequeños grupos está integra-do en unidades amplias, que incluyen actividades individuales, en pequeños grupos y en gran grupo, y que están contenidas en unidades de programación pensadas para posibilitar esta articulación. Veremos, pues, varias de estas unidades, entre las cuales destacaremos los espacios dedicados a las actividades en grupos operativos. Convie-ne, sin embargo, señalar la importancia que tiene el enfoque general del área, pues, como hemos dicho, según cuál sea deja más lugar al trabajo en grupos.

Nos aproximamos, entonces, a algunas áreas curriculares —lengua, matemáticas, naturales y sociales—. En primer lugar desarrollaremos una unidad de programación que permita organizar un espacio importante en pequeños grupos y, a continua-ción, transcribiremos el funcionamiento de una sesión de trabajo en pequeños grupos

Área de lengua

El alumnado, a lo largo de la escolaridad obligatoria, tiene que adquirir compe-tencias en los usos del lenguaje que más utilizará, tanto oral como escrito; tiene que hacerse competente en la construcción escrita de un conjunto de textos, que le serán útiles en los diversos contextos comunicativos; en la interpretación también de un abanico de textos con los que se encontrará y con la expresión, y comprensión oral en los contextos habituales. Por lo tanto, en el área de lengua entendemos que habrá que dedicar un esfuerzo importante a la elaboración de los textos de distintos tipos, a la interpretación de textos y a la expresión y comprensión oral en las situaciones comunicativas más habituales.

Cada centro será el encargado de decidir qué textos tienen que integrar los alumnos, cuáles deben producir e interpretar y qué cualidades tienen que contener las producciones. En todo caso, para cada uno deberán saber escoger el contenido que le es propio, y organizarlo sobre la base de la estructura específica del tipo de texto. Además, tendrán que atender a los aspectos formales particulares, al léxico específico y a la ortografía.

En los ejemplos de las propuestas didácticas en el área de lengua articulamos la elaboración y la interpretación de los textos, junto con la expresión y la comprensión oral en unidades de cierta extensión. Se favorece, de este modo y al mismo tiempo, el trabajo en pequeños grupos, en gran grupo y el trabajo individual. Veremos, a con-tinuación, una unidad de programación centrada en un tipo de texto, en la que seña-laremos los espacios de trabajo en pequeños grupos, que es lo que nos interesa en este texto. Querríamos insistir en el hecho de que el trabajo en pequeños grupos está planteado en el marco de una propuesta más amplia que lo incluye.

Ejemplo de unidad de programación centrada en un tipo de texto: la narración breve

A partir del primer curso del segundo ciclo, proponemos organizar unidades de programación basadas en un tipo de texto, por ejemplo, cartas, cómics, cuentos, etc. Cada unidad de programación tiene una duración de varias semanas, dependiendo del tipo de texto, del nivel de la clase y del criterio de cada docente. Y en todas procuramos seguir un mismo recorrido, una «estructura inflexible», si bien con las necesarias adaptaciones en cada caso. Este mismo recorrido consta de nueve etapas que primero mencionaremos y, a continuación, desarrollaremos concretadas en la narración breve. Estas etapas son:

1. Introducción del tema y búsqueda de funcionalidad.
2. Búsqueda de fuentes de información.
3. Lectura de textos del modelo que se trabaja.
4. Análisis de los textos.
5. Construcción entre toda la clase de un texto del modelo trabajado.
6. Construcción en pequeños grupos de un texto.
7. Uso de los textos para finalidades determinadas.
8. Construcción individual de un texto.
9. Evaluación final.

Como veremos, este diseño permite trabajar lectura, escritura y lenguaje oral; facilita las actividades individuales, en gran grupo y en pequeños grupos; pone énfasis en las actividades abiertas, resolubles por alumnado de niveles distintos; incorpora el contacto con textos auténticos del modelo que se trabaja y facilita el uso de las producciones o las interpretaciones realizadas. Veamos, a continuación, la propuesta que presentamos, centrada en la narración breve:

Objetivos básicos

1. Conocer este tipo de texto, saber buscarlo e interesarse por leerlo.
2. Aprender a realizar narraciones breves centrándose en su contenido, estructura, forma y léxico convencional.
3. Saber explicar oralmente una narración breve, atendiendo a los aspectos básicos de expresión.
4. Aprender a trabajar en pequeños grupos de forma ágil y eficaz.

Contenidos

1. Hechos y conceptos
   - La forma.
   - La estructura.
   - El contenido.
   - El léxico.
2. Procedimientos
   - Búsqueda de las fuentes de acceso a la narrativa breve.
   - La comprensión de textos.
   - La composición de textos.
   - La expresión oral de textos.
   - La eficacia en el trabajo en pequeños grupos.
3. Actitudes, valores y normas
   - El placer por la lectura, la escritura y la expresión oral de narraciones breves.
   - El interés por trabajar en pequeños grupos.

Criterios de evaluación

En la evaluación diferenciaremos tres etapas:

1. Al iniciar el tema se dedicará un tiempo breve para discutir entre todos sobre las narraciones cortas y ver qué conocimientos tienen. A continuación, el docente podrá explicar sintéticamente qué quiere que aprendan, haciendo referencia a los cuatro objetivos que hemos mencionado.

2. Cuando los alumnos y alumnas estén construyendo los textos, y en general durante todo el proceso de trabajo, el docente irá haciendo comentarios, propondrá correcciones y recogerá información sobre sus procesos de aprendizaje.

3. Cuando haya acabado, se hará una valoración final ágil, atendiendo a los objetivos propuestos. Puede servir el texto individual que indicamos en el punto 8 de la propuesta que elaborará cada uno y que presentamos a continuación.

Propuesta metodológica

1. *Introducción del tema y búsqueda de funcionalidad.* Puede introducirse el tema preguntando a los alumnos y alumnas si todos han leído narraciones cortas, a quiénes les han interesado, de qué hablaban, dónde las han leído, etc. A continuación, se les puede proponer elaborarlas para finalidades determinadas: para leerlas o ir a explicarlas a otra clase, llevarlas a la biblioteca o publicarlas en la revista de la escuela. Por lo tanto, como las leerán otras personas, tendrán que aprender muy bien cómo deben escribirlas.

   Es necesario explicarles a los alumnos y a las alumnas el diseño de la unidad de programación, las nueve partes que comprende y los objetivos que se proponen.

2. *Búsqueda de fuentes de información.* Si los alumnos y alumnas tienen que aprender a escribir narrativa breve, primero tendrán que analizar cómo está hecha, y por eso tendrán que buscarla. Por lo tanto, deberán identificar las distintas fuentes de información disponibles y los lugares en los que encontrarán los textos adecuados del modelo que trabajan. En el aula puede hacerse un listado de lugares en los que puede que encuentren narraciones breves. Por ejemplo, en la biblioteca de la escuela, en otras bibliotecas cercanas, en la librería, en casa, etc.

   Con esta información disponible, cada pequeño grupo tendrá que organizar un plan para buscar textos interesantes y llevarlos a la clase a los pocos días: el docente puede proponer que, en un tiempo breve, cada grupo piense cómo se organizará para recoger los textos: ¿Qué harán como grupo? ¿Dónde buscarán individualmente? ¿Cuándo lo harán? ¿Cómo comprobarán que los textos son lo suficientemente interesantes? ¿Le pedirán ayuda a la bibliotecaria?, etc. Al acabar, harán una puesta en común, contrastando la organización de los distintos grupos.

3. *Lectura de narraciones breves.* Puede dedicarse un espacio considerable a la lectura y comentario de narraciones breves. El objetivo prioritario es que les interesen los textos y aprendan a disfrutar de ellos. Para eso, quien lee en

voz alta es, sobre todo, el docente ya que es capaz de hacer la escucha más agradable. También pueden leer los alumnos individualmente, y en voz baja. Al acabar la lectura pueden comentarla entre todos.

4. *Análisis de los textos narrativos breves.* Cuando se ha hecho la suficiente lectura recreativa —la finalidad de las narraciones breves en la vida cotidiana es ésta, y no otra—, se inicia el análisis del modelo: esta vez se leen todos los textos con el punto de mira puesto en cómo están formados.

   Cada pequeño grupo tiene en la mesa dos o tres narraciones breves y entre toda la clase se analizan. El docente clasifica en la pizarra en distintos apartados las aportaciones que va haciendo el alumnado. Se pueden diferenciar:

   - Forma: narraciones cortas, con título diferenciado en el inicio, sin subapartados, en algunas hay ilustraciones, que pueden ser en color o en blanco y negro, márgenes, etc.
   - Estructura: en algunas hay un inicio en que aparecen uno o diversos personajes, unos acontecimientos que precipitan un conjunto de acciones, una resolución de la situación problemática y un final. Otras siguen un movimiento diferente.
   - Contenido: las distintas temáticas que surgen en las narraciones.

5. *Construcción entre toda la clase de una narración breve en la pizarra.* Entre toda la clase escogen los personajes y, a grandes rasgos, deciden de qué irá la narración. A continuación elaboran una narración en la pizarra. Escribirá el docente, que se dejará guiar por las aportaciones espontáneas del alumnado. Mientras redacte, mostrará cómo en el proceso de elaboración de un texto de estas características se tiene que escribir, revisar y corregir. En las revisiones que se hacen a lo largo de la escritura se modifican los contenidos, algunas frases y expresiones, se matizan ideas, se cambian signos de puntuación y se pule el estilo. Al mismo tiempo, el docente comenta cuestiones ortográficas que proceden. En todo caso, favorece que la corrección se haga entre todos y va haciendo referencia a los aspectos formales, de estructura y contenido antes mencionados. Esta actividad puede durar una o varias sesiones y el alumnado puede ir copiando el texto en una hoja.

6. *Construcción en pequeños grupos de una narración breve.* El docente hace referencia a las actividades hechas hasta ese momento con las que tienen que haber aprendido bastante bien cómo hacer una narración breve. Ahora se trata de que, en pequeños grupos, elaboren ellos una a la que darán difusión. Será un buen momento para recordar que tienen que aprender a trabajar todos, que cada uno tendrá que implicarse lo suficiente y en las distintas tareas que se desprenderán de la construcción del texto: diseño, redacción de borradores, corrección de contenido, estructura, léxico, ortografía y forma. Se les recordará que tendrán que ser lo suficientemente ágiles y autónomos, y que de lo que se trata, además de incorporar conocimientos del área de lengua, es de aprender a trabajar en pequeños grupos.

   Cada pequeño grupo empezará fijando el tema de la narración. El docente paseará por los grupos atendiendo al proceso de la forma que ya hemos mencionado: teniendo cuidado de la dinámica de los grupos, orientando el proceso y guiando las correcciones: primero sobre el contenido y la estructura, después sobre el léxico y la ortografía y, por último, fijándose en los aspectos formales. El objetivo, en todo caso, será que quede un producto acabado y redondeado, que satisfaga a los autores y a los futuros receptores.

7. *Uso de los textos para las finalidades previamente determinadas.* Cuando todos los grupos hayan acabado las narraciones, habrá que hacer una puesta en común, contrastar procesos y resultados, recrearse en el producto de su trabajo y utilizar a continuación las producciones, tal y como se acordó al principio: dejarlas en la biblioteca de la escuela o en una de cerca, agruparlas y fotocopiarlas para cada alumno o alumna para incluirlas en la librería de casa, presentarlas en la exposición de final de curso, etc. Si, además, van a explicarse en clases de alumnos menores o en la misma clase, la actividad posibilita trabajar la narración oral.

8. *Construcción individual de una narración breve.* Finalmente, como última actividad de elaboración de textos, cada alumno o alumna escribirá individualmente uno propio, incluyendo todo lo que ha ido aprendiendo a lo largo del proceso anterior. Será una actividad que nos dará información de lo que han aprendido los alumnos y alumnas referido a la elaboración de narraciones breves.

9. *Evaluación final.* Para cerrar la unidad, el docente abrirá una reflexión sobre los conocimientos que han incorporado, tanto de lengua, como de trabajo en grupos operativos: posiblemente habrá que evaluar la dinámica del grupo, la participación de cada uno, los conocimientos adquiridos, etc. Entre todos, y por los métodos que en cada caso se consideren adecuados, el docente evaluará si han conseguido los objetivos que había propuesto al inicio.

Ejemplo de unidad de programación centrada en otros tipos de texto

Como hemos dicho, el diseño que hemos desarrollado sirve, con pequeñas modificaciones, para la mayoría de los textos. Para mostrarlo, desplegaremos brevemente dos más: las noticias y los cómics.

Al inicio de una unidad de programación centrada en las noticias —o en un tipo de noticias como las deportivas—, es fácil precisar algún uso con los materiales que recojan y elaboren: los alumnos y alumnas pueden hacer un mural para exponer en la escuela, o una colaboración en una revista del centro o de la comunidad en que vive. La búsqueda de fuentes de información —en diarios y revistas—, la recogida de textos, y la lectura que se haga en el aula, permite el mismo recorrido que hemos visto para las narraciones breves. El análisis de las características propias de las noticias, puede ser especialmente interesante, en la medida en que se compare con otros tipos de textos trabajados. Toda la clase puede dedicarse a construir una noticia en la pizarra, después otra en pequeños grupos y utilizarla para lo acordado. Por último, cada uno puede escribir individualmente otra noticia, que permitirá comprobar el nivel adquirido.

Aplicando este diseño en los cómics, no es difícil interesar al alumnado para que construya uno, ni encontrar un uso para las producciones, cuando estén acabadas. La búsqueda de fuentes de información, lectura en clase y análisis de cómo están hechos permite un proceso idéntico al que hemos mencionado. En cambio, hay que valorar si se incluye la actividad de construcción de un cómic entre toda la clase, o bien se pasa directamente al trabajo en pequeños grupos. Las producciones que saldrán de esta última actividad servirán para el uso acordado. Al acabar puede concluirse la unidad con la producción individual.

Algunos tipos de textos requieren modificaciones más profundas de este diseño: el trabajo con novelas no puede implicar que se haga una, la autobiografía se resiste a ser construida entre todos, las recetas de cocina no permiten una creatividad parecida a la narración ficticia, etc. Pero, en líneas generales, se adaptan a la mayor parte del diseño empleado como base.

A la práctica, estas unidades no agotan todo lo que los alumnos deben aprender, en el área de lengua: siempre hay que complementarlo con actividades centradas en conocimientos fácticos, y conceptuales, sobre morfología, sintaxis, léxico y ortografía. Pero suponen una entrada en el área favorecedora del trabajo en pequeños grupos.

Transcripción de una sesión de trabajo en pequeños grupos: elaboración de una narración breve

A continuación estudiaremos el funcionamiento de un pequeño grupo de trabajo que elabora un texto narrativo breve. Es uno de los cinco grupos de una clase de sexto de primaria, que han seguido, paso por paso, el diseño indicado, y se disponen a escribir la narración. El grupo que veremos está formado por cuatro componentes: Cristina, Magda, Eric y Elmo. Los criterios de agrupación se ajustan a los mencionados en el capítulo correspondiente, y los integrantes del grupo están sentados a una mesa con sitio para cuatro. No es la primera vez que hacen un texto de estas características en grupo, y lo entienden como un proceso en el que primero tendrán que construir un guión, a continuación elaborar un borrador y, después, hacer una nueva lectura corrigiendo la puntuación, el léxico y la ortografía, y, finalmente, pasar el texto al ordenador, puliendo los aspectos formales. Veamos, de este proceso, los tres primeros momentos expuestos en la propuesta metodológica:

MAESTRA:	Ya quedamos que hoy cada grupo haría una narración corta. Tendréis que pensar entre todos qué personajes saldrán, cómo empezará, qué pasará y cómo queréis que acabe. Primero haréis el guión, después redactaréis el texto y cuando hayáis hecho el borrador lo corregiréis entre todos. Se trata de hacerlo entre todos, que todo el mundo trabaje y nadie se quede al margen. Tenéis que utilizar todos la misma hoja. Organizaros como mejor os parezca. Iré pasando por los grupos y, si hay algún problema, me lo decís. Ya podéis empezar.
MARGA:	Tenemos que pensarlo y después apuntar.
CRISTINA:	Primero, el guión.
MAESTRA:	¿Ya habéis pensado cómo lo haréis?
MARGA A LA MAESTRA:	Sí, primero haremos el guión.

MARGA A ELMO:	Venga, Elmo, empieza.
ELMO A LA MAESTRA:	Pero... ¿de qué lo tenemos de hacer?, ¿de miedo?, ¿de aventuras?...
MAESTRA:	Mejor lo decidís entre todos.
ERIC A CRISTINA:	Tú, ¿cómo lo quieres?
CRISTINA A ERIC:	A mí me da igual.
ELMO A MARGA:	¿Y tú?
MARGA:	Me da igual, de cualquier cosa.
ELMO A ERIC:	¿Y tú?
ERIC:	...
MARGA:	De miedo... no sé.
ERIC:	Entonces, lo que queráis.
CRISTINA:	¿Y de aventuras y de miedo?
MARGA A CRISTINA:	Sí.
ELMO:	Aventuras de miedo.
	(Cristina escribe: «Las aventuras de miedo».*)*
ELMO:	Pero también podríamos poner como título: *Aventuras de miedo.* Hoy no lo hacemos de una excursión... Hagámosla de aquí, del cole, que entra alguien...
MARGA:	Sí, hagámosla de la despedida de Iría: que empiecen a entrar monstruos.
CRISTINA:	Estamos en la despedida de Iría, ¿no?
	(Cristina escribe: «Despedida de Iría».*)*
ERIC:	Diremos que estamos en su casa.
CRISTINA:	¿Cuántos niños somos?
ERIC:	Pocos.
CRISTINA A ERIC:	¿Toda la clase?
MARGA:	Toda la clase.
ERIC:	Vale, toda la clase.
	(Cristina escribe: «Toda la clase».*)*
MARGA:	Entraba algún monstruo por allí.
CRISTINA A MARGA:	Pero... ¿dónde estamos?
MARGA A CRISTINA:	En casa de Iría.
	(Cristina muestra disconformidad con un gesto.)
MARGA A CRISTINA:	En Berga.
CRISTINA A MARGA:	No, pero...
MARGA A CRISITINA:	En su casa.
ERIC:	Sí, en su casa.
	(Cristina se da por satisfecha y apunta: «En su casa».*)*
MARGA A ELMO:	Elmo *(dice Marga dándole entrada para participar).*
ELMO:	Llevamos regalos y empezamos a divertirnos.
	(Cristina escribe: «Llevamos regalos. Empieza la fiesta».*)*
CRISTINA:	¿Y si todo empieza con un regalo?
ERIC A CRISTINA:	¿Eh?
CRISTINA:	Un regalo que es un muñeco, y este muñeco es un monstruo.
ELMO:	Sí, un muñeco de esos tan grandes... que se mueven.
ERIC A ELMO:	Sí, que entre en medio de la fiesta... o algo así.

	(Cristina escribe: «Entra el monstruo».)
	Estábamos en medio de la fiesta y entró el monstruo.
ELMO:	Pero, ¿qué monstruo?
CRISTINA A ERIC:	¿Cómo era el monstruo?
ELMO:	Con tres ojos.
CRISTINA:	No, pero primero entra, que si no entra no lo vemos.
ERIC:	Claro, primero entra, y estábamos...
MARGA:	Entra el monstruo, es muy extraño.
ERIC A ELMO:	¿No podemos hacer que era un perro y se transforma?
ELMO:	Era un perro, y cada vez que mordía, a quien mordía lo convertía en monstruo.
CRISTINA:	Era un perro que le regalamos a Iría.
	(Cristina escribe: «Le regalaron un perrito».)
MARGA:	Este perro cada vez se iba haciendo mayor.
CRISTINA:	Sí, se iba convirtiendo en monstruo.
ELMO:	No...
MARGA A ELMO:	¡Calla!
CRISTINA A ELMO:	¡Lo está explicando ella!
MARGA:	...que cada vez se hacía mayor y mordía a la gente.
CRISTINA A MARGA:	Pero... ¿cómo era?
MARGA A CRISTINA:	Tenía tres ojos...
ERIC:	Era de color lila.
CRISTINA:	Era de color lila.
	(Escribe: «Era de color lila».)
MARGA A CRISTINA:	Ahora tú, Cristina.
CRISTINA:	Cada vez que mordía, alguien se convertía...
MARGA:	Igual que él: en un monstruo.
	(Cristina escribe: «Cada vez que mordía a alguien, se volvía un monstruo».)
ERIC:	Ahora tenemos que decir a quién le mordió. ¿A quién mordió?
MARGA:	Mordió...
ELMO:	¡A mí!
MARGA A ELMO:	¡Sí, seguro!
CRISTINA A ELMO:	¡Siempre has de salir tú!, no lo entiendo.
MARGA A ELMO:	¡Jo, muchacho!
CRISTINA A ELMO:	Hay más niños en clase, ¿eh?
ELMO:	No le mordió a Iría.
	(Cristina escribe: «Mordió a todos menos a Iría».)
MARGA:	A cuatro.
CRISTINA:	¿A quién?
MARGA:	A Alba, a Cristina, a Rubén y a Eric.
	(Cristina escribe: «Alba, Cristina, Rubén, Eric».)
MARGA:	Dos niñas y dos niños.
ERIC:	Cada uno se convertía en un monstruo diferente.
	(Cristina escribe: «Cada uno era un monstruo diferente».)

MARGA:	Al final, los niños tenían unos botes con poderes...
CRISTINA:	Los niños fabricaron un líquido para matar al monstruo.
ERIC A CRISTINA:	No, esto va al final.
ELMO:	Cogieron cuchillos y empezaron a tirárselos al monstruo.
ERIC A ELMO:	No. ¿Sabéis qué podemos poner? Sólo quedó uno y él los salvó a todos.
MARGA A ERIC:	Pero, ¿quién queda?
MAESTRA	*(al comprobar que sólo escribía Cristina):* Convendría que escribieseis todos.
	(Cristina pasa la hoja y el bolígrafo a Marga.)
MARGA:	Ponemos que Iría hizo un experimento.
ELMO:	No, empezó a tirar líquidos en un bote, puso azúcar y un poco de gasolina.
	(Marga escribe: «Gasolina con azúcar».)
CRISTINA:	Es muy corto.
ERIC:	Pues, podemos poner que el primero no le hizo efecto.
	(Marga le pasa la hoja a Eric, quien escribe: «No le hizo efecto».)
ERIC:	Mi letra no se entiende.
MARGA A ERIC:	Es igual, ya nos lo leerás tú. ¡Uf, es verdad, no se entiende!
ELMO:	... y no le hizo efecto.
ERIC	*(pasándole la hoja a Elmo):* Después...
CRISTINA:	Después prueba otra cosa.
ERIC A CRISTINA:	Pero ¿qué prueba?
ELMO A ERIC:	Vinagre.
ERIC A ELMO:	¿Sabes qué podemos hacer? Que le tiró un cuchillo, lo atravesó, pero no le hizo nada.
	(Elmo escribe: «Tiró un cuchillo. No le hizo nada».)
CRISTINA:	Ahora, Iría estaba harta de probar inventos.
CRISTINA A ELMO	*(dictando):* Iría...
	(Elmo apunta: «Iría está harta de probar inventos».)
CRISTINA:	Al final se le ocurre...
ERIC A CRISTINA:	No, más largo, que el monstruo coge a Iría.
ELMO:	Coge un cubo y le tira aguarrás, o algo así.
MARGA:	Aguarrás.
ERIC:	Encima.
ELMO:	Sí.
	(Elmo escribe: «Cubo de aguarrás».)
CRISTINA:	Y el monstruo hace como si está muerto.
	(Elmo escribe: «Monstruo hace el muerto».)
CRISTINA:	De pronto, el monstruo se levanta y va a por Iría.
ERIC A CRISTINA:	Iría le tira una botella de Fanta.
CRISTINA A ERIC:	Espérate, que copie esto *(refiriéndose a Elmo).*
	(Elmo escribe: «Monstruo se levanta y persigue a Iría».)
CRISTINA:	Ahora ponemos esto: Iría coge...
ERIC:	Una botella de Fanta.
CRISTINA:	Coge Fanta, ponemos.

ERIC:	Le pone una píldora.
MARGA:	Pone una píldora.
CRISTINA:	¿Pone, pone, pone? *(Duda si el verbo es correcto.)* ¿Poner?
ELMO:	¿Está bien *poner*?
ERIC:	*Poner* una píldora, sí.
CRISTINA:	Y el monstruo se muere.
ERIC:	No, el monstruo se lo bebe.
	(Elmo escribe: «Iría coge Fanta. Pone una pastilla. El monstruo se lo bebe».)
CRISTINA:	Y todo vuelve a ser igual, y acaba muy bien.
ERIC A CRISTINA:	No, no, se muere...
ELMO A ERIC:	El monstruo original se muere, y todo vuelve a ser igual.
CRISTINA:	Sí.
ERIC:	No, el monstruo vuelve a ser perro.
	(Elmo escribe: «El monstruo original vuelve a ser perro».)
CRISTINA:	Y todo vuelve a su realidad.
MARGA A ERIC:	A la normalidad, a la normalidad.
CRISTINA:	¡Cómo estoy!
	(Elmo escribe: «Todo vuelve a la normalidad».)
	(En este punto dan por acabado el guión y se ponen a redactar el texto.)
MARGA:	Venga, el cuento lo tenemos que hacer entre todos, ¿no?
CRISTINA A MARGA:	Claro. Estamos en casa de Iría.
	(Cristina coge una hoja en blanco y se dispone a escribir.)
MARGA:	Iría nos invita a su fiesta.
CRISTINA	*(escribiendo):* Iría tenía que irse a Galicia por el trabajo de su padre.
ERIC:	Primero pongamos el título.
MARGA	*(sin hacer caso de la sugerencia):* Un día Iría...
ERIC A MARGA:	¡Eh! Espera, primero tenemos que poner el título. ¡Eres demasiado nerviosa, Marga!
	(Cristina escribe: «Iría hace una despedida».)
ERIC:	En su casa.
	(Cristina escribe: «En su casa».)
MARGA:	Invita...
ELMO:	A todos los niños de la clase.
CRISTINA:	Empieza a las cinco. Esta despedida empezará a las cinco.
MARGA:	En su casa.
ERIC A MARGA	*(señalando la hoja):* ¡Eso ya lo hemos puesto, Marga!
CRISTINA:	Empezó a las cinco.
ELMO:	Le llevamos muchos regalos.
ERIC:	No...
CRISTINA:	Cada uno llevaba su regalo.
ERIC:	No. Empezamos la fiesta y cada uno llevaba su regalo. Y... *(mirando la hoja con el guión)* y ahora ya podemos hacer lo del perro.
CRISTINA:	¿Quién le regaló un perrito?
MARGA A CRISTINA:	Yo no.
ERIC A CRISTINA:	Yo, venga.

MARGA A ERIC:	¡Tú, ja, ja!
ERIC A CRISTINA	*(dictando):* Le regaló un perro, no pongas perrito.
MARGA:	Un perrito, un perrazo...
CRISTINA:	Este perro era muy extraño: era una especie de monstruo. *(Pone cara de miedo y a los demás les hace gracia.)*
ELMO:	Este perro era un poco extraño.
CRISTINA:	Cada vez se hacía más y más grande.
ERIC A CRISTINA:	No, pon: de golpe, el perro se convirtió en monstruo y ya está.
ERIC:	Cada vez era mayor.
MARGA:	Sí, cada vez se hacía mayor..., cada vez el perro...
CRISTINA:	Tenía tres ojos gigantes.
ERIC:	Sí. Era de color lila.
ELMO:	Liliáceo.
ERIC:	Siempre que mordía...
CRISTINA:	Cada vez...
ERIC:	Cada vez que mordía a un niño...
ELMO:	A una persona.
MARGA A ELMO:	A un niño. Todos eran niños.
ERIC:	Se convertían en monstruos.
MARGA:	Igual que él.
ERIC A MARGA:	No, era diferente.
ERIC	*(mirando la hoja de referencia):* ¿Por dónde vamos? *(Cristina va ta - chando las ideas que ya han incluido en el texto actual.)*
MARGA	*(leyendo):* Le mordió a todo el mundo menos a Iría.
ERIC:	Cada uno era un monstruo diferente... ¿Ya lo hemos puesto?
CRISTINA A ERIC:	No.
ERIC A CRISTINA:	Sí, mira *(señalando la hoja).*
CRISTINA:	Ahora, la gasolina con azúcar.
ERIC:	Iría le da gasolina con azúcar.
MARGA:	Pero no le afecta.
ERIC:	*(criticando la expresión):* ¡No le afecta!: No le hace efecto...
CRISTINA:	Pero Iría, para ver si podía matar al monstruo...
ERIC:	Le dió... gasolina con azúcar... no le hace efecto.
CRISTINA:	No le hace ningún efecto.
ERIC A CRISTINA:	Sí.
CRISTINA:	Le lanza un cuchillo y no le hace nada.
ERIC A CRISTINA:	¿Sabes qué puedes poner? Le tiró un cuchillo, lo atravesó y no le hizo nada.
MARGA:	Y él tan contento.
ERIC:	Iría estaba harta de inventos.
CRISTINA:	Iría prueba...
ERIC:	No, estaba harta... le tiró un bidón de gasolina.
CRISTINA:	Al final...
ERIC:	Al final no. Le tiró un bidón de gasolina.
ELMO:	De aguarrás.
ERIC:	¡Ah!, sí... El monstruo se hace el muerto.

ELMO:	El monstruo se hace el muerto.
ERIC A ELMO	*(intentando leer el guión):* ¿Qué pone aquí?
ELMO A ERIC:	El monstruo se levanta y persigue a Iría.
CRISTINA:	El monstruo se levantó.
ERIC:	De golpe se levantó... y perseguía a Iría.
ELMO:	Y persiguió a Iría.
ERIC:	No la cogió.
CRISTINA:	Porque Iría es muy rápida.
ERIC:	No... ahora se acaba aquí... Iría coge la Fanta.
CRISTINA:	Iría coge una botella de Fanta.
ERIC A CRISTINA:	No, pone: al final... cogió una botella de Fanta... le puso una píldora... el monstruo se la bebió.
CRISTINA:	Como tenía mucha sed...
ERIC:	Sí, se la bebió.
MARGA:	Eso, se la bebió.
ELMO:	Se... la... *(acompañando la escritura de Cristina).*
CRISTINA:	De golpe, en un visto y no visto, se volvió perro.
ERIC A CRISTINA:	¡Vale! Suena bien.
CRISTINA:	Volvió a la normalidad.
MARGA:	Todo... a... la... normalidad. ¡Ya estamos!
CRISTINA:	¿Lo leo?
	(Aquí dan por acabado el borrador y pasan, sin pausa, a revisar la puntuación.)
ERIC:	Miremos las comas.
CRISTINA	*(empieza a leer):* Iría hizo una despedida en su casa. Coma... no, punto.
ERIC:	Coma.
CRISTINA	*(continúa leyendo):* Invita a todos los niños de la clase... Punto. Empezó a las cinco de la tarde.
ERIC:	Coma.
CRISTINA:	La fiesta... en la fiesta... esto no se entiende. *(Añade una a.)* Cada uno llevaba su regalo. Punto. Eric le regaló un perro. Este perro se convirtió en monstruo. Cada vez era mayor, tenía tres ojos gigantes. Era de un color liliáceo.
MARGA:	Muy feo.
ERIC:	No, no.
CRISTINA:	Cada vez que mordía a un niño se convertía en un monstruo diferente. Nos mordió a todos menos a Iría. Iría, para ver si podía matar al monstruo, le dio gasolina con azúcar. No le hizo efecto.
ELMO:	Coma.
CRISTINA:	Punto. Le tiró un cuchillo, lo atravesó y no le hizo nada.
ERIC A ELMO:	¡Ya lo ha hecho bien!
CRISTINA A ELMO:	¡Ya lo hemos puesto!... Iria probó más de cien inventos. Después... coma. Después le tiró un bidón de aguarrás. Con esto, el monstruo, de golpe, se levantó y la persiguió. Coma. No la cogió, porque Iría es muy rápida. Punto. Al final, Iría cogió una botella de Fanta y le puso una pastilla. El

	monstruo… Punto. El monstruo, como tenía mucha sed, se la bebió. En un visto y no visto, todo volvió a la normalidad.
MARGA:	Ya está.
MAESTRA:	¿Habéis acabado?
MARGA A LA MAESTRA:	Sí.
MAESTRA:	¿Qué os parece si miráis la ortografía?, si tenéis faltas, tenéis que corregir la ortografía y la expresión.
CRISTINA A LA MAESTRA:	Sí, ya lo hemos hecho.
MAESTRA:	¿Por qué no hacéis una lectura revisándolo todo?
	(Entre todos vuelven a revisar el texto, esta vez poniendo atención en especial a la ortografía y el léxico. Detectan diversos errores ortográficos, y perfeccionan la puntuación y el léxico. Al acabar la maestra interviene de nuevo.)
MAESTRA:	¡Muy bien! Fijaros que habéis trabajado todos: tú *(refiriéndose a Cristina)* intervenías más en el momento de escribir; tú *(señala a Elmo)* intervenías bastante en la corrección ortográfica…
CRISTINA:	Sí, ellos dos inventaban mucho *(refiriéndose a Marga y a Eric)*.
MAESTRA:	Quiere decir que lo habéis hecho entre todos, habéis trabajado mucho y ha quedado bien. Además, habéis hecho un guión, después un borrador y al final la corrección. Ahora lo tenéis que pasar a limpio.

Esta sesión es un ejemplo claro del trabajo en grupos operativos en las aulas y del papel que tiene el docente. Éste, como se puede ver, organiza los grupos, vigila que el trabajo sea adecuado, marca algunas formalidades referentes a cómo se debe llevar a cabo la tarea y los deja que hagan. Dada la consigna y habiendo comprobado que los grupos la han entendido, sigue el proceso de elaboración de las narraciones breves, e interviene, no tanto para aportar conocimientos al grupo, sino sobre todo para garantizar su buen funcionamiento.

Esta sesión muestra la enorme capacidad de los alumnos de los últimos cursos de primaria para trabajar cooperando. Son capaces de implicarse en un objetivo común, y realizar un trabajo ágil y eficaz. Y además la cantidad de informaciones que se han aportado en una sesión sobre la construcción de una narración, difícilmente se puede traspasar en una resolución individual de la actividad; el texto está plagado de observaciones, correcciones e indicaciones, que afectan al proceso de construcción de una narración, la forma de recoger ideas, de organizarlas, de enlazarlas, de matizarlas, de escribirlas con corrección, así como la participación de los componentes del grupo.

Finalmente, querríamos señalar la actitud bien dispuesta de los cuatro integrantes. La tarea que realizan les permite llevar a cabo una acción de grupo; actúan, aprenden, y se lo pasan bien. Nuestra experiencia nos ha demostrado, en distintas ocasiones, que esta buena disposición se da habitualmente en el trabajo en grupos operativos. Querríamos insistir todavía más en este punto: el alumnado acostumbrado a trabajar así, en raras ocasiones deja de interesarse por los aprendizajes escolares.

Unidad de programación centrada en un tema de interés: escritura del nombre de los alumnos

La escritura del nombre de los niños y niñas de la clase permite llevar a cabo un trabajo de una extraordinaria riqueza en los primeros cursos de la escolaridad obligatoria. Como desarrollábamos en otro texto (Bonals, 1994a), habitualmente usamos este material al iniciar el aprendizaje de la lectura y la escritura. Los alumnos están muy interesados en identificar y escribir sus propios nombres y los de los compañeros. Pero, además, estas actividades se pueden convertir fácilmente en una valiosa experiencia a favor del respeto a la diversidad: cuando se escriben, leen, comentan o comparan los nombres se puede hacer sentir al alumnado que todos son interesantes, cada uno con sus peculiaridades propias, dignas de ser consideradas en grupo; la riqueza proviene, precisamente, de su diversidad. Pero, al mismo tiempo, las actividades con los nombres de los alumnos del aula permiten introducir con mucha facilidad el trabajo en pequeños grupos: estamos acostumbrados a observar el gran interés que manifiestan los alumnos de P4 y de P5 por el trabajo en pequeños grupos con esta temática. Como en las demás unidades de programación que desarrollamos, en la de la escritura de los nombres de los alumnos cabrán actividades en gran grupo, en pequeños grupos e individuales.

Objetivos básicos
1. Identificar el propio nombre y los nombres de otros compañeros de clase.
2. Emplear la lectura del nombre propio y el de otros compañeros para los usos necesarios del aula.
3. Aprender la escritura del propio nombre y de los de otros compañeros de clase.
4. Apreciar la riqueza que supone la diversidad de nombres; interesarse por la escritura de los nombres de los compañeros.
5. Disfrutar trabajando en pequeños grupos.

Contenidos
1. Hechos y conceptos
   - El nombre de los compañeros de clase. La diversidad de escrituras correspondiente a la diversidad de nombres.
   - Los usos de la escritura y la interpretación de nombres.
2. Procedimientos
   - La lectura de los nombres de los alumnos.
   - La escritura de los nombres de los alumnos.
   - La interacción entre iguales como base para aprender a interpretar y a escribir nombres.
3. Actitudes, valores y normas
   - La predisposición a interesarse por todos los nombres de los compañeros del aula.
   - La disponibilidad para el trabajo en pequeños grupos.

Criterios de evaluación
1. Al principio de la unidad de programación la educadora comprobará qué

saben los alumnos y alumnas de las escrituras de sus nombres, de la capacidad de interpretarlos y de las posibles utilidades.

2. A lo largo del proceso de trabajo, será receptiva al *feed-back* del alumnado para comprobar sus progresos en la interpretación, producción y usos de sus propios nombres y de los de sus compañeros del aula.

3. Finalmente deberá comprobar el cumplimiento de los objetivos previstos.

Propuesta metodológica

1. *Introducción.* La educadora puede abrir el tema haciendo tomar conciencia a los alumnos y alumnas de que todos tienen un nombre, el suyo, y de que cada uno de los nombres es diferente del nombre de los demás. Al mismo tiempo, puede mostrar que es posible escribirlo: lo llevan todos escrito en la bata. Asimismo, lo tienen escrito en las perchas y en el bote de lápices que emplean. El nombre en las batas, perchas, botes de lápices y en cualquier sitio donde se pone sirve para saber de quién es la bata, dónde la colgará cada uno, de quién es el bote, etc. La escritura sirve, en este caso, para identificar.

2. *Escritura y lectura entre todos los alumnos y alumnas de la clase.* A los alumnos y alumnas de parvulario les interesa mucho descubrir como se escriben sus nombres y los de sus compañeros de clase. La maestra puede proponer a algunos que salgan a la pizarra para ver cómo es su nombre. Si todavía no lo saben escribir sin modelo, pueden salir con el bote de los lápices y copiarlo; o bien, si aún no lo saben copiar, colaborarán con la escritura aguantando el bote mientras el docente lo copia, repitiendo en voz alta las grafías a medida que las escribe. A continuación se pueden ir viendo otros nombres, comparándolos, identificando grafías coincidentes, agrupándolos según su inicial, leyéndolos, jugando a adivinarlos por la primera letra, haciendo crucigramas, etc. Esto mismo se puede llevar a cabo empleando una cartelera y letras que se enganchen a ella.

Pero lo que aportan estas actividades, por así decirlo, rebasa el marco de la lengua escrita. Como hemos dicho, pretendemos que los alumnos y alumnas tengan una viva experiencia de estar incluidos como integrantes del grupo-clase; que sientan que se les tiene presentes en el grupo tanto como a los demás; que se les valora, que todos se interesan por las peculiaridades de su nombre, que lo dan como algo digno de mostrar para que los demás se enriquezcan; todos aprenden a mostrar su nombre, sin esconderlo ni exhibirlo; todos aprenden a valorar el nombre de los demás, sin menospreciarlo ni adularlo; todos aprenden a enriquecerse, y a enriquecer, a dar y a recibir; todos aprenden a participar, sin inhibirse ni invadir, sin marginaciones ni privilegios; todos aprenden a estar en grupo.

3. *Escritura y lectura de nombres en pequeños grupos.* Algunas actividades con el nombre de los alumnos del aula son especialmente adecuadas para resolver en pequeños grupos. Como ya hemos dicho, incluso en estas primeras etapas de la escolarización, es posible formar pequeños grupos y proponerles un objetivo común, que deban intentar cumplir conjuntamente. La edu-

cadora debe escoger muy bien la tarea, las condiciones para llevarla a cabo, ha de dar unas consignas lo bastante claras para que no conviertan la actividad en una serie de acciones individuales descoordinadas, y ha de llevar a cabo un seguimiento para que se adecuen a las consignas dadas. Mencionaremos cuatro actividades susceptibles de ser abordadas en pequeños grupos:

- Reconstrucción de nombres de compañeros a partir de sus letras mezcladas: la actividad consiste en dar a cada grupo una serie de tarjetas, cada una con una letra, que adecuadamente ordenadas forman el nombre de un niño o una niña del grupo o de la clase. El juego consiste en construir el nombre y descubrir de quién es: la educadora esparce las tarjetas en la mesa y les dice que entre todos han de recomponer el nombre. Los grupos, si no aciertan a recomponerlo, pueden enviar un delegado al grupo de al lado para proponer que otro niño o niña les venga a ayudar. La actividad se repite tantas veces como la educadora lo considere oportuno, cambiando las letras de un grupo a otro. Veremos la transcripción de esta actividad en un grupo de *párvulos 5 años*.
- Escritura de nombres de alumnos y alumnas a partir de una inicial dada: se ofrece una hoja a cada grupo con la inicial del nombre de algunos compañeros, y se les propone que escriban el nombre de los alumnos y alumnas cuyo nombre empieza por la inicial dada. Es una actividad de composición de palabras a partir de un índice, que deben realizar entre todos los compañeros del grupo.
- Separar los nombres de los niños y los de las niñas: la educadora da a cada grupo una hoja con una línea vertical en medio y algunas tarjetas con nombres de alumnos y alumnas de la clase. La actividad consiste en pegar en una parte de la hoja los nombres de los niños y en la otra los nombres de las niñas. Para facilitar la actividad, en la parte superior de la hoja puede haber un dibujo de un niño en un lado y de una niña en el otro.
  Si hay nombres que ninguno de los compañeros del grupo reconozca, tendrán que preguntar a otros grupos si saben de quién son. Si se lo preguntan al adulto, no les responderá: les hará pensar qué estrategias pueden utilizar para identificarlo; les hará pensar cómo pueden averiguar de quién es esa tarjeta: además de preguntarlo a otro grupo, pueden consultar directamente a quien creen que puede ser el propietario, acercarse a la percha para ver si está, o mirar los botes de los compañeros.
- Escribir nombres de niños y niñas conocidos: el docente da una hoja por grupo y propone que entre todos hagan una lista de niños y niñas de la clase.

4. *Escritura individual, con fomento de la interacción grupal como estrategia de aprendizaje.* El trabajo con el nombre de los compañeros del aula permite proponer un gran número de actividades para ser resueltas individualmente, pero con fomento del intercambio de información entre los alumnos y alumnas. Por ejemplo:
- Escritura de los nombres de los compañeros de la mesa: el docente reparte una hoja individual a cada alumno y propone que cada uno escriba pri-

mero su nombre, y a continuación todos los demás nombres de los compañeros de mesa. Esta actividad tiene una gran capacidad de generar intercambios entre los compañeros que están sentados en el mismo grupo.

. Escritura de nombres de niños y niñas que tengan un determinado número de letras: el docente puede dar una hoja con un rectángulo partido en tres, cuatro, cinco... casillas y pedir que escriban el nombre de un compañero que tenga tantas letras como casillas tiene el rectángulo. Esta misma actividad se puede realizar incluyendo la inicial del nombre.

. Copia de la pizarra del listado de alumnos y alumnas que se quedarán en el comedor o de los que vienen en autocar: el docente puede proponer primero hacer un listado en la pizarra, y luego pedir que cada uno lo copie individualmente en una hoja.

Puede interesar al maestro que algunas de estas actividades el alumno o la alumna las resuelva solo, sin comentarlas con los compañeros. Es una situación que no creemos que se deba excluir, pues, como hemos dicho, el alumnado ha de aprender a trabajar en gran grupo, en pequeños grupos y también, ciertamente, solo. Con estas producciones, además, se pueden evaluar con facilidad los progresos que se realizan.

Transcripción de una sesión de trabajo en pequeños grupos: reconstrucción de nombres de compañeros a partir de sus letras mezcladas

El grupo que hemos escogido pertenece a un curso de párvulos 5 años de dieciocho alumnos y alumnas, que están sentados en tres grupos de cuatro y dos de tres.

La actividad que transcribiremos es más fácil de llevar a cabo trabajando sólo con una parte de los grupos, mientras los otros están haciendo otra tarea que exija menos atención del docente. En esta ocasión se optó por trabajar sólo con una parte de la clase. Como ya hemos expuesto, en esta actividad el docente pone sobre la mesa unas tarjetas, cada una de las cuales contiene una letra, y todas juntas forman el nombre de un compañero de la clase. Se pide al grupo que reconstruya la palabra para saber, de esta manera, de qué compañero es el nombre. Veámoslo a continuación:

MAESTRO	*(se dirige al grupo y dice los nombres de los cuatro integrantes):* Aquí están Óscar, Laura, Alba y Eva. Ahora os daré unas tarjetas que son el nombre o de Óscar, o de Laura, o de Alba o de Eva. Pero, ¿sabéis qué me ha pasado? que se me han mezclado bien mezcladas, y ahora no sé ni qué nombre es, ni cómo se pone. A ver si lo hacéis vosotros. Me tenéis que decir cuál es.
	(Entonces el maestro pone las tarjetas en un montón. Los cuatro alumnos se lo toman como un juego. Cuando el maestro ha terminado de poner las tarjetas, todos cogen una, menos Eva que coge dos.)
LAURA A ÓSCAR	*(mirando la tarjeta de Óscar, donde hay una L):* ¡Seguro que es Laura!
ÓSCAR A LAURA:	Seguro, seguro.
ALBA A LAURA:	Aquí está la *R.*

(Óscar pone la L, Laura la A; luego Laura coge la U de Óscar y la R que Eva le da. Alba hace un gesto para que Eva le dé la A, y cuando la tiene se la pasa a Laura, que la coloca al final de la palabra. Todos miran satisfechos.)

TODOS: ¡Laura!

MAESTRO: ¿El de Laura?

TODOS: ¡Sí!

MAESTRO: Muy bien, ¿hacemos otro?

TODOS: ¡Sí!

(El maestro retira las tarjetas y pone otras sobre la mesa.)

TODOS: ¡Óscar, Óscar!

(Han visto alguna letra mientras el maestro barajaba las tarjetas y creen que será el nombre de Óscar. Cuando el maestro acaba de poner las tarjetas en la mesa todos cogen las que pueden. Óscar, que las tenía más cerca, coge tres, Laura una, Alba otra, y Eva se queda sin. Eva se queja.)

EVA: ¡Yo no tengo ninguna!

ÓSCAR *(leyendo en voz alta las letras que ha cogido):* La «sss» *(mira la tarjeta de Laura)* la «c», la «aaa»... esta es la «rrr» *(cogiendo la de Eva).*

LAURA *(leyendo):* Óscar.

ÓSCAR AL MAESTRO: Lo ves, ¡ya te lo decía yo! *(Todos están muy animados.)*

ALBA AL MAESTRO *(se queja de que no ha podido participar):* ¡Pero yo no he puesto ninguna!

MAESTRO: Mirad qué dice Alba...

ALBA: ¡No he podido poner ninguna!

MAESTRO: Alba dice que no ha podido poner ninguna letra. ¿Cómo lo haréis para que todos puedan coger alguna?

LAURA AL MAESTRO: ¡Porque Óscar ha cogido dos!

ALBA A LAURA: ¡No! Ha cogido tres, tú una y ella *(señalando a Eva)* una.

MAESTRO: ¿Y qué podríais hacer para que la próxima vez lo hagáis entre todos?

ALBA AL MAESTRO: Dos cada uno.

LAURA AL MAESTRO: No, no llegaría.

MAESTRO A LAURA: ¿No llegarían?

LAURA AL MAESTRO: Con el nombre de Eva, no.

MAESTRO: Así, depende de si el nombre es corto o largo... Bueno, ahora os daré las tarjetas del nombre de un compañero de clase que no es ninguno de vosotros cuatro. *(Pone las tarjetas.)*

LAURA: Es Lita, seguro. *(Ha visto la I.)*

ALBA A LAURA *(mirando las tarjetas que va poniendo el maestro):* No, porque Lita no lleva *R*.

(Cuando el maestro deja las tarjetas, todos cogen las que pueden.)

ÓSCAR: ¡Yo sólo tengo dos!

LAURA A EVA: ¡Eh! Dale una a Alba. *(Eva tiene tres, y Alba sólo, una.)*

ÓSCAR A EVA: ¡Y a mí dame una, que sólo tengo dos!

ALBA A ÓSCAR: No, ¿no has contado dos? Mira: dos, dos, dos *(mostrando a Óscar que todos tienen sólo dos tarjetas).*

LAURA A ÓSCAR	*(mirando sus tarjetas):* A...
LAURA A ALBA	*(mirándole las tarjetas):* ¿Tienes la *R*?
LAURA A EVA:	¿Tienes la *U*?
ÓSCAR	*(intuyendo qué nombre saldrá):* ¡Iris!
LAURA	*(viendo que tiene la I):* ¡Iris! *(Coge su I, la pone en la mesa; coge la R que tiene Alba y la pone tras la I; añade la I y la S.)* ¡«Sss», Iris!, mira, dice «Iris». ¡Ramón! *(llamando al maestro).*
MAESTRO:	¿Ya está?
TODOS:	¡Sí!
MAESTRO:	¿De quién es?
LAURA AL MAESTRO:	De Iris.
MAESTRO:	¿Y estas letras? *(refiriéndose a las tarjetas que sobran).*
ÓSCAR:	No sé.
LAURA:	No sé.
ÓSCAR:	Alguien las ha mezclado.
	(El maestro acepta la producción, aunque la primera intención era que encontrasen un nombre que incluyese todas las letras.)
MAESTRO:	¿Hacemos otro?
TODOS:	¡Sí!
MAESTRO:	Haremos uno como antes, pero ahora no nos puede sobrar ninguna letra. *(Deja las tarjetas en la mesa.)*
ÓSCAR:	¡Una cada uno! *(refiriéndose a que quiere repartir equitativamente. Pero él coge tres).*
EVA A ÓSCAR	*(pide a Óscar que le dé una tarjeta a Alba):* Dale una.
LAURA A ÓSCAR	*(refuerza la indicación de la compañera):* Dale otra a Alba. *(Óscar lo hace.)*
LAURA:	¡Iris! *(mirando las tarjetas).*
EVA:	¡Otra vez Iris!
LAURA A ÓSCAR:	¡Venga, pon la I! *(Óscar la pone.)*
LAURA	*(poniendo bien la tarjeta):* La «erre»... *(Coge otra tarjeta de Óscar.)* Otra I...
ALBA	*(dándose cuenta de que le sobrarán tarjetas):* No, que nos ha dicho que no nos puede sobrar ninguna.
LAURA	*(sin hacerle caso a Alba):* Ya está: ¡Iris!
MAESTRO:	Ha de ser un nombre que se pueda construir con todas las letras y no sobre ninguna.
ÓSCAR:	¡Carmen!
EVA:	¡Carmen!
ALBA:	No, Carmen no tiene *T*.
LAURA	*(probando):* A... A...
ALBA:	Héctor.
ÓSCAR A ALBA:	Héctor no, que tiene la *E*.
LAURA:	No tiene la de Héctor *(quiere decir la H)* y tampoco la *E*. ¿Y Toni? ¡Ah, no! No tiene la *O*.
MAESTRO:	¿Qué os parece si tiene que tener todas las letras será un nombre largo o corto?

LAURA:	Largo.
ÓSCAR:	Corto.
LAURA:	Largo.
ÓSCAR:	Corto.
LAURA	*(explicándole):* Largo, si tiene que tener todas las letras.
ÓSCAR:	Cristina.
LAURA	*(probando componer Cristina, emitiendo sonido por sonido):* «c»... «rrr»... «iii»...
	(Compone CRITS.)
ALBA A LAURA	*(queriendo hacer un juego entre la I y la T):* Aquí, en el lugar de la S...
ÓSCAR A ALBA	*(satisfecho):* ¡Ves, ya te lo decía yo! ¡Cristina!
LAURA A ALBA	*(diciéndole a la compañera que con el brazo lo está moviendo):* Alba, que lo desmontas.
ALBA A MAESTRO:	¡Ramóóóón!
MAESTRO:	¡Muy bien!

Esta sesión está planteada claramente como un juego: el maestro pide ayuda al alumnado para volver a componer sus nombres con tarjetas, porque se le han mezclado. El grupo comprende inmediatamente su invitación lúdica y se pasa un rato divirtiéndose, jugando y aprendiendo.

Desde el principio los alumnos y alumnas se quedan sumergidos en una dinámica en la que hacen predicciones sobre nombres que tienen que componer, y las van confirmando a medida que los componen. Dirán, por ejemplo: «¡Seguro que es Laura!... seguro... seguro...», y a continuación reconstruirán el nombre, con una gran satisfacción de todos cuando acierten.

No faltan, tampoco, momentos conflictivos, provocados porque unos se apropian de las tarjetas y no las dejan a los otros. En este sentido, tendrán que aprender a compartir el material, a participar y a dejar participar. Son situaciones idóneas para trabajar la tendencia al equilibrio participativo y decisivo. El maestro señala: «Alba dice que no ha podido poner ninguna letra», y plantea: «¿Cómo podríamos hacerlo para que la próxima vez lo hagáis entre todos?». A lo largo de la sesión, se observa un cierto progreso, en este sentido.

Por lo tanto, si bien observamos limitaciones importantes, en alumnos y alumnas de estas edades, en el momento de realizar un trabajo, no hay duda, de que son capaces de interactuar durante períodos cortos de tiempo para llegar a objetivos compartidos. En este grupo se hace evidente la capacidad de participación de los integrantes en función a una tarea común: Laura, Óscar y Alba, de forma muy enriquecedora; Eva, un poco menos visible. Entre todos se contagian el interés para componer nombres, así como sin que nadie lo haya propuesto, sobre cuentas y cálculo mental. En lo que se refiere al trabajo en grupos, esta sesión es valiosa para el aprendizaje de la participación: los alumnos y las alumnas pueden aprender a regularse, a no acaparar las tarjetas, a participar y a dejar participar a los demás.

Área de matemáticas

El ejemplo de unidad de programación que presentamos parte de la base de que las matemáticas, en la escolaridad obligatoria, tienen que dar respuesta a las necesidades de cuantificación de la realidad con que se encontrarán los alumnos y alumnas en la vida diaria: cotidianamente tendrán que operar con cantidades o magnitudes para tomar decisiones.

Por lo tanto, habrá que partir, en la medida de lo posible, de situaciones cotidianas, en las que la manipulación de materiales reales constituya un punto de anclaje y el alumnado lo pueda utilizar como soporte del pensamiento. Se trata de usar, como punto de partida, los conocimientos que ya tenemos, sistematizar lo que han aprendido en la vida cotidiana y a la vez favorecer que el conocimiento escolar se aplique en la vida real. Se intenta potenciar el conocimiento comprensivo, por delante del mecánico, y señalar sus muy variadas utilidades.

Ejemplo de unidad de programación sobre problemas de compra y venta

En el segundo ciclo de educación primaria procede organizar una unidad de programación sobre problemas de compra y venta. Las actividades pueden organizarse de tal manera que permitan articular equilibradamente el trabajo en gran grupo, en pequeños grupos y de manera individual, en una secuencia que puede tener cinco momentos:

1. Introducción a los problemas de compra y venta y vivencia de funcionalidad.
2. Actividades de resolución y de invención de problemas de todo tipo.
3. Trabajo en pequeños grupos con actividades de resolución y de invención de problemas.
4. Resolución e invención de problemas individualmente.
5. Evaluación final.

Veamos la propuesta general:

Objetivos básicos
1. Identificar los datos y la incógnita en problemas de compra y venta.
2. Aprender a resolver problemas utilizando estrategias multiplicativas y de división.
3. Inventar problemas de compra y venta.
4. Aprender a incluir a los alumnos más necesitados de ayuda en pequeños grupos de trabajo.

Contenidos
1. Hechos y conceptos
   - Tipos de problemas de compra y venta.
   - La estructura de los problemas de compra y venta.
2. Procedimientos
   - La interpretación de textos orales y escritos: datos, incógnita, y relaciones ente los datos y la incógnita.
   - La organización de esquemas de acción.
   - Las operaciones numéricas.

- La inclusión de todos los integrantes en el trabajo en grupo.
3. Actitudes, valores y normas
   - El interés por los problemas de compra y venta.
   - El respeto a los distintos ritmos y niveles en los pequeños grupos.

Criterios de evaluación
1. Para la evaluación inicial se utilizará la introducción al tema y las actividades colectivas. Con esto se recogerá información sobre los niveles de participación del alumnado.
2. Durante las actividades en gran grupo e individualmente el docente identificará las distintas estrategias de resolución de problemas, y en el trabajo en pequeños grupos, el funcionamiento como grupo operativo, en especial la participación de los que más lo necesitan y la eficacia de la ayuda que les ofrecen los compañeros.
3. Referente a la valoración final, el docente aprovechará algunas actividades individuales para comprobar hasta qué punto se han alcanzado los objetivos determinados inicialmente. En lo que se refiera al funcionamiento de grupos, propondrá que cada pequeño grupo se autoevalúe el trabajo, poniendo especial énfasis en las estrategias que desarrolla para que participe en la resolución y la invención de problemas con los compañeros a los que les cuestan estas actividades.

Propuesta metodológica
1. *Introducción a los problemas de compra y venta.* El docente en el segundo ciclo de educación primaria puede introducir estos tipos de problemas iniciando una conversación sobre las tiendas a las que van a comprar; si han ido a comprar fruta, verdura, etc. ¿Cómo lo hacen? ¿Cómo pagan? Si pagan en efectivo, ¿cuentan cuánto cuesta antes de pagar? Hay frutas que se compran por quilos, otras por piezas; si una pieza de fruta cuesta una cantidad ¿cuánto costarán tres piezas? ¿Qué saben de todo esto?, etc.
   Se puede señalar el sentido que tiene aprender a afrontar las situaciones de compra y venta, como hacemos los adultos; ellos también están en una edad en la que pueden ir a comprar y pagar lo que adquieran. Se tratará de aprender a calcular precios.
2. *Actividades de resolución y de invención de problemas entre toda la clase.* Como punto de partida de estas actividades se puede construir una tienda con distintos productos y diferentes precios. Los alumnos y alumnas salen a comprar y a pagar los productos. Entre toda la clase se comentan las transacciones y las distintas estrategias empleadas. Primero se resuelven situaciones de compra y venta mentalmente y con cantidades bajas. En un segundo momento se representan numéricamente en la pizarra.
3. *Trabajo en pequeños grupos con actividades de resolución e invención de problemas.* En sesiones siguientes se organiza el trabajo en pequeños grupos basándose en la resolución e invención de problemas: el docente reparte una hoja por grupo donde hay tres o cuatro problemas, y pide que entre

todos los lean y los resuelvan, procurando que participen más aquellos alumnos que no acaben de entender este tipo de problemas. Al mismo tiempo pide que inventen una situación paralela.

4. *Resolución e invención de problemas individualmente.* Se plantea la misma actividad anterior, pero esta vez con la consigna de que cada alumno o alumna trabaje solo, y si así lo decide el docente, sin consultar a otros compañeros.

5. *Evaluación final.* Para comprobar hasta qué punto los alumnos y las alumnas han alcanzado los objetivos propuestos referentes a los problemas se puede emplear una muestra de las actividades individuales que habrá hecho cada uno. De esta forma, es posible dedicar un espacio a comentar entre todos cómo les ha ido el trabajo en pequeños grupos, hasta qué punto han aprendido a resolver e inventarse problemas y en qué grado han conseguido ayudar a sus compañeros, sobre todo a los que más les costaba.

Transcripción de una sesión de trabajo en pequeños grupos: resolución e invención de problemas de compra y venta

La sesión que reproducimos pertenece a una clase de tercero de primaria. Los alumnos y alumnas están sentados en grupos de cuatro componentes para resolver problemas de matemáticas. El grupo grabado lo forman: Virginia, Josep M., Adriana y Ángel. Veamos el proceso:

MAESTRA:	A ver, se trata de hacer dos problemas en grupo y uno que os tendréis que inventar. Los tendréis que pensar entre todos, leerlos poco a poco y pensar cómo se tendrán que resolver. Bajo cada problema tenéis espacio para apuntar las respuestas. Os los leo una vez para que los entendáis bien, ¿eh? El primero dice: «Me compro siete libretas de veintiséis pesetas, un lápiz de diecinueve pesetas y una goma de catorce pesetas. Si doy trescientas pesetas a la tendera, ¿cuánto dinero tiene que devolverme?». Pensad bien qué tenéis que hacer, entre todos. El segundo: Arriba tenéis una lista de precios. Dice: Fresas: ocho pesetas; naranjas: trece pesetas; plátanos: quince pesetas; manzanas: diez pesetas. Y, entonces, os explica el problema abajo. Dice: «He ido a la tienda y he comprado diez fresas, tres plátanos y una manzana. ¿Cuánto me ha costado todo lo que he comprado?». Igual que en el otro, os lo volvéis a pensar, lo discutís entre todos y cuando os pongáis de acuerdo lo escribís. Y el último dice: «Invéntate un problema y hazlo.» Os inventáis un problema, lo escribís y después, abajo, hacéis las operaciones y escribís la respuesta. ¿De acuerdo?
JOSEP M. A LA MAESTRA:	De acuerdo.
MAESTRA:	Lo tenéis que hacer todos juntos y os vais pasando el papel, para que cada vez escriban unos niños distintos. Y tenéis que procurar que todos los del grupo lo entiendan: si a alguno le cuesta y no lo entiende, se lo explicáis. ¿De acuerdo?

	(Virginia y Josep M. asienten con la cabeza.)
MAESTRA:	Entonces, venga.
JOSEP M. A ÁNGEL:	¿Quién empieza?... tú. *(Josep M. le pasa la hoja a Ángel. Virginia se la vuelve a pasar a Josep M. y se pone a leer el problema en voz alta. Los otros también se ponen a leerlo. Virginia atiende a la lectura para ajus - tar el ritmo a la velocidad lectora de los compañeros.)*
VIRGINIA	*(releyendo y señalando las cantidades con bolígrafo):* Compro siete libretas a veintiséis pesetas... siete... un lápiz de diecinueve y una goma de catorce...
JOSEP M.:	Primero tenemos que sumar todo esto, a ver qué da.
VIRGINIA:	Tenemos que multiplicar siete por...
JOSEP M.	*(interrumpiendo):* Y... y... y... Después, cuando acabamos, sumar el resul- tado con esto...
VIRGINIA:	Primero tenemos que multiplicar las siete libretas. *(Señalando las can - tidades en el texto del problema y haciendo un gesto a Josep M. para que escriba. Él escribe la multiplicación. Virginia mueve la hoja en su dirección y empieza a resolverlo.)* Siete... siete por seis...
JOSEP M. Y ÁNGEL:	Cuarenta y dos.
VIRGINIA:	Cuarenta...
ÁNGEL:	Dos.
VIRGINIA:	Siete por dos, catorce...
TODOS:	Quince... siete... diecisiete... dieciocho.
JOSEP M.:	Dieciocho. *(Virginia escribe el número.)*
ADRIANA	*(riendo):* ¡Si llegaremos a doscientos!
VIRGINIA:	Sí *(confirmando la predicción de Adriana).* Ahora, diecinueve más catorce.
ADRIANA A VIRGINIA:	Ahora que lo haga Ángel.
VIRGINIA:	Sí, ¿eh?... te toca... diecinueve más catorce. *(Pone la hoja en su direc - ción. Ángel escribe diecinueve más catorce.)*
VIRGINIA A JOSEP M.	*(haciéndole rectificar el lugar en el que escribe):* No tan cerca de aquí.
JOSEP M.	*(repite):* Diecinueve más catorce... Treinta y tres. *(Gira la hoja hacia Vir - ginia.)* Ahora treinta y tres y trecientas.
VIRGINIA	*(corrige):* Ciento ochenta y dos más treinta y tres... *(Pasa la hoja a Adriana, que hace la operación.)*
ADRIANA:	Doscientas quince.
VIRGINIA:	Ahora, trescientos menos doscientos quince.
JOSEP M.	*(cogiendo la hoja y el lápiz):* Me toca. Hemos de hacer trescientos... *(es - cribiendo las cantidades),* doscientos quince... menos...
VIRGINIA:	De cinco a diez...
JOSEP M.:	Cinco... seis... siete...
VIRGINIA A JOSEP M.:	Cinco.
JOSEP M.:	Cinco, claro *(dejando de contar con los dedos).* Ahora, de dos a diez... dos, tres, cuatro, cinco, seis, siete, ocho, nueve, diez: ocho.
VIRGINIA:	Ocho.
JOSEP M.:	Ahora, de tres a tres, cero... ochenta y cinco.
	(Manifiestan satisfacción por haber acabado las operaciones.)
ÁNGEL A JOSEP M.:	Ahora tenemos que redactar la respuesta.

JOSEP M.:	Sí, a ver... *(Lee la pregunta final del problema y a continuación respon-de.)* Me tiene que devolver... ¿quieres hacerlo tú?, ¿...o tú? *(dirigiéndose a Virginia y a Adriana)...* ¿o yo mismo?
ÁNGEL A JOSEP M.	*(dictando):* Le devolvió...
VIRGINIA:	Ochenta y cinco pesetas.
MAESTRA:	¿Cómo os va?
TODOS:	Bien.
MAESTRA:	Tendría que escribir más aquel que entienda menos el problema.
VIRGINIA:	¿Qué toca ahora?
	(Entre todos empiezan a leer el segundo problema.)
JOSEP M.:	¿Quién quiere leerlo?
ÁNGEL A JOSEP M.:	Yo mismo.
	(Josep M. le acerca la hoja.)
JOSEP M. A ÁNGEL:	Venga, sí, tú mismo.
	(Ángel lee el segundo problema.)
VIRGINIA:	Diez fresas, que cuestan... ocho pesetas... entonces, diez por ocho... *(Le pasa la hoja a Josep M. para que haga las operaciones y éste se la pasa a Ángel.)*
JOSEP M. A ÁNGEL:	Tú mismo.
VIRGINIA:	Diez por ocho... diez por ocho...
VIRGINIA Y ÁNGEL:	Ocho por cero, cero; ocho por una, ocho...
VIRGINIA:	Ochenta pesetas... ¿Ahora, qué más dice?... Tres naranjas... *(Mira el precio de cada naranja, que cuesta trece pesetas.)* Trece por tres... *(Pasa la hoja a Adriana.)*
ADRIANA:	¿Trece por tres? *(Inicia la operación, los otros van leyendo lo que escri-be.)* Tres por tres..., nueve, tres por uno..., tres...; treinta y nueve.
VIRGINIA:	¿Y ahora?
JOSEP M. A VIRGINIA:	Busca *plátano.*
VIRGINIA:	Plátanos, dos pesetas. *(Se confunde.)*
JOSEP M. A VIRGINIA:	Quince pesetas.
VIRGINIA:	Sí, ¿me dejas un lápiz? *(pregunta a Adriana).* Veamos... dos plátanos, ¿no? Pasábamos...
ÁNGEL A VIRGINIA:	Sí.
VIRGINIA:	Dos plátanos...
JOSEP M. A VIRGINIA:	Quince pesetas.
VIRGINIA:	A ver, quince... dos... dos por cinco, diez. *(Los otros también lo repiten.)* Dos por una es dos y una, tres... Ahora... ¿Cuánto ha costado?
JOSEP M. A VIRGINIA	*(le hace darse cuenta de que se ha olvidado una parte del problema):* ¡Y una manzana!
VIRGINIA A JOSEP M.:	¿Dónde lo pone?
JOSEP M. A VIRGINIA:	¡Una manzana! *(señalando el texto).*
ADRIANA:	Nos han ido dando los resultados.
JOSEP M.:	Porque una manzana cuesta diez pesetas.
VIRGINIA:	Aquí tendremos que sumarlo todo, ¿no?, supongo...
JOSEP M. A VIRGINIA:	Sí, pero aquí está el diez, y sólo hay una. Si hubiese dos... diez más...
VIRGINIA:	¡Ah, claro!

JOSEP M.:	Diez por una...
ADRIANA:	Diez por una es diez.
VIRGINIA:	¿Quién lo hace? Tú, venga. *(Le acerca la hoja a Josep M.)*
JOSEP M.:	Uno por cero, cero; uno por uno, uno.
ADRIANA:	Ahora tenemos que sumarlo todo.
VIRGINIA:	Ahora tenemos que sumarlo todo.
ADRIANA:	Ochenta, más treinta y nueve, más treinta...
VIRGINIA:	¿Quién lo suma?
ÁNGEL:	Yo.
ADRIANA:	Yo, no.
JOSEP M. A ÁNGEL:	Diez, no, ochenta... *(Todos a la vez le dictan las cantidades.)*
VIRGINIA A ÁNGEL:	No te cabrá. *(Ángel borra las cantidades y las vuelve a escribir más arri - ba. A continuación hace la suma.)*
ÁNGEL:	Cero... cero... nueve... nueve. Ahora, ocho... y tres... nueve, diez, once, doce, trece, catorce, quince.
VIRGINIA	*(cogiendo la hoja y leyendo la pregunta final del problema):* ¿Qué me ha costado todo lo que he comprado?
JOSEP M.:	Ciento cincuenta y nueve.
ÁNGEL:	Me ha costado...
ADRIANA:	¿Ciento cincuenta y nueve sólo?
JOSEP M.:	¿Por qué?
ÁNGEL:	Me ha costado...
ADRIANA A JOSEP M.:	Es poco, ¿eh?
ÁNGEL:	Me ha costado... ciento cincuenta y nueve pesetas.
ADRIANA:	Ahora que lo haga otro.
VIRGINIA:	No.
ADRIANA	*(escribiendo):* Me ha costado... *(Todos dicen el número.)* Ciento cincuen- ta y nueve pesetas.
MAESTRA:	¿Cómo va?
ÁNGEL:	Bien.
MAESTRA:	¿Todo el mundo participa?
JOSEP M.:	Sí, todo el mundo.
MAESTRA:	¿Va saliendo? ¿Qué os parece?
TODOS:	Sí.
VIRGINIA:	Ahora hemos hecho el último.
MAESTRA:	¿Los encontráis fáciles o difíciles?
JOSEP M.:	Son fáciles.
MAESTRA:	¿Los hacéis entre todos?
TODOS:	Sí.
MAESTRA:	¿Todo el mundo los entiende?
TODOS:	Sí.
MAESTRA:	Muy bien.
VIRGINIA:	Venga, ¿quién se inventa el problema?
JOSEP M. A VIRGINIA:	Todos un poco.
ÁNGEL:	¿De qué tiene que ir?

VIRGINIA:	¿De qué va?
JOSEP M. A ÁNGEL:	De caramelos.
ÁNGEL:	Sí, de caramelos.
JOSEP M. A VIRGINIA:	De coches: un coche cuesta cincuenta pesetas... no, un coche cuesta...una bicicleta roja cuesta...
VIRGINIA A JOSEP M.:	No, espera un momento.
JOSEP M.:	...y la bicicleta amarilla cuesta...
VIRGINIA A JOSEP M.:	No, mira: como en el comedor del colegio. A mi mesa están sentadas dos niñas. Las mesas son de seis sillas. Si sólo se sientan dos niñas...
JOSEP M. A VIRGINIA:	No, un niño y una niña, mejor.
VIRGINIA:	Si sólo se sientan dos niños.
ÁNGEL A VIRGINIA:	Un niño y una niña.
VIRGINA:	¿Cuántas sillas quedan libres?
JOSEP M. A VIRGINIA:	Muy bien, pero...
ADRIANA:	Cuatro.
ÁNGEL:	Cuatro.
VIRGINIA:	¿Lo escribimos? ¿Hacemos éste? ¿Qué os parece?
ADRIANA:	Sí.
VIRGINIA A ADRIANA:	O, espera... en el comedor hay cincuenta mesas. Sólo cuatro están ocupadas. ¿Cuántas mesas quedarán libres?
ADRIANA A VIRGINIA:	¡Ahora sí que has hecho uno!
VIRGINIA A ADRIANA:	Sí, éste está bien, ¿no?
JOSEP M.:	Sí, sí, éste sí.
VIRGINIA:	En el comedor hay cincuenta mesas. Sólo cuatro están ocupadas. ¿Cuántas mesas quedarán libres?
ADRIANA A VIRGINIA:	Restamos: de cincuenta, cuatro.
VIRGINA A ADRIANA:	¿Lo hacemos?
ADRIANA A VIRGINIA:	Sí.
VIRGINIA:	Venga.
MAESTRA:	¿Es un problema de compra y venta? ¿Habéis visto que todos los problemas son de compra y venta y de multiplicar?
JOSEP M. A VIRGINIA:	¿Y si lo hacemos de bicicletas?
ÁNGEL:	La bicicleta roja cuesta... cincuenta pesetas... no sé...
VIRGINIA A ÁNGEL:	Podríamos hacerlo de caramelos, porque si tiene que haber muchos...
ADRIANA:	No sé...
	(Piensan los cuatro en silencio.)
JOSEP M.:	También podríamos hablar de gomas.
VIRGINIA A JOSEP M.:	De cosas escolares... Compro...
JOSEP M. A VIRGINIA:	Cuatro gomas que cuestan...
VIRGINIA:	Valen cincuenta...
TODOS:	Pesetas.
ÁNGEL:	¿A cuánto?
VIRGINIA:	No, ¡más! *(Propone alargar el problema.)*
JOSEP M.:	Más.
VIRGINIA:	Coma, después...

JOSEP M. A VIRGINIA:	De momento escribo esto.
VIRGINIA:	Dos lápices que cuestan quince pesetas.
JOSEP M.:	Veamos, ¿quién quiere hacerlo?
ÁNGEL:	Yo mismo. *(Se pone a escribir.)*
VIRGINIA A ÁNGEL:	Empecemos: Voy a comprar cuatro gomas... go... mas... coma, tres... lápices... ¡ah! No hemos puesto el precio.
JOSEP M.:	¡Mira que somos despistados! *(Ángel borra lo escrito.)*
TODOS:	Cuatro gomas que cuestan...
ADRIANA:	Cincuenta pesetas.
JOSEP M.:	Sesenta pesetas.
VIRGINIA:	Treinta pesetas, ¿no?
JOSEP M.:	Treinta, sí, que una goma no puede costar mucho.
VIRGINIA:	Ahora que escriba otro.
	(Coge la hoja Adriana.)
JOSEP M.:	Coma.
VIRGINIA A ADRIANA:	Tres lápices...
JOSEP M.:	Que cuestan... sesenta pesetas. *(Coge la hoja para escribir él.)*
VIRGINIA:	¿Y tres sacapuntas?
ÁNGEL:	Que cuestan... que cuestan... treinta pesetas.
VIRGINIA A ÁNGEL:	No treinta no, que los hay muy buenos. Sesenta, setenta pesetas cada uno.
JOSEP M.:	Punto.
VIRGINIA	*(cogiendo la hoja):* Ahora yo.
ÁNGEL:	¿Cuántas?
JOSEP M.:	¿Cuánto nos hemos gastado en todo lo que hemos comprado?
VIRGINIA:	Ahora, para multiplicar, empecemos por aquí y vayamos haciendo así: ahora yo, después tú, y luego otro. Veamos, cuatro manzanas, que cuestan treinta. Treinta por cuatro...
TODOS:	Cuatro por cero, cero; cuatro por tres, doce. Ciento veinte.
ÁNGEL:	Ciento veinte.
VIRGINIA A JOSEP M.:	Tres lápices que cuestan cincuenta pesetas... cincuenta por tres... *(Josep M. escribe la operación.)*
TODOS:	Tres por cero, cero; tres por cinco, quince.
JOSEP M.:	Ciento cincuenta. Quizá nos pasamos.
VIRGINIA:	No.
ADRIANA:	No.
VIRGINIA:	Qué va *(pasando la hoja a Adriana)* dos sacapuntas, que cuestan setenta pesetas...
JOSEP M. A ADRIANA:	Setenta por dos.
VIRGINIA A ÁNGEL:	Ahora haz tú la suma, que siempre te toca a ti.
TODOS:	Ciento veinte, ciento cincuenta y ciento cuarenta.
VIRGINIA:	Once y cuatro.
ADRIANA:	Uno, dos, tres, cuatro... cuatrocientas diez.
VIRGINIA	*(leyendo):* ¿Cuánto dinero hemos gastado en total?
ÁNGEL:	Me he gastado... me he gastado... cuatrocientas diez pesetas.

VIRGINIA:	A ver, ¿quién quiere hacerlo?
	(Adriana coge la hoja.)
ÁNGEL:	Entre todo... en total...
TODOS:	Me he gastado cuatrocientas diez pesetas.
JOSEP M.:	Sí.
VIRGINIA:	Hemos acabado.
JOSEP M.:	¿Ya hemos acabado?
VIRGINIA	*(haciendo un gesto para llamar a la maestra):* Volvamos a repasarlo...
	(Vuelve a leer.)
MAESTRA:	¿Cómo os ha ido?
JOSEP M.:	Perfecto.
MAESTRA:	¿Os ha gustado?
TODOS:	Sí.
MAESTRA:	¿Os han parecido fáciles?
ÁNGEL:	Primero no sabíamos hacer éste...
MAESTRA:	¿Todos lo habéis entendido todo?
TODOS:	Sí.
MAESTRA:	¡Vale!

Al inicio de esta sesión de problemas, hemos visto que la maestra explica a los grupos qué tienen que hacer y cómo, señalando que tendrán que «pensar entre todos cómo se tiene que hacer»; e indicando un procedimiento que lo garantiza: «Os vais pasando el papel, para que cada vez escriba un niño distinto». Además, señala, que «procuren que todo el mundo lo entienda», y que «si a uno le cuesta más entender un trozo, que se lo expliquen». A continuación, para facilitar la actividad, hace una lectura seguida de los problemas.

Acabada la introducción, Virginia, y en menor grado Josep M., se hacen cargo de la toma de decisiones: regulan la participación, y se encargan de que el grupo siga parte de las consignas de la maestra. Adriana y Ángel, salvo intervenciones aisladas, sólo participan activamente cuando Virginia les da entrada. Sin embargo, están interesados durante toda la sesión y observan atentos las estrategias de resolución de problemas de sus dos compañeros más hábiles.

En esta sesión observamos una considerable diferencia entre la participación de los cuatro integrantes: Virginia es quien más interviene desde el primer momento, quien regula la participación de los demás y la manera en que abordan la tarea. Da mucha información sobre procedimientos para resolver los problemas, propone ideas, coordina y facilita la comunicación. Josep M. tiene un peso importante en las intervenciones, pero no en la toma de decisiones; inicia el trabajo, propone ideas, coordina y facilita la comunicación. En cambio, Adriana, y sobre todo Ángel, tienen un papel muy receptivo, dan opiniones, y proponen ideas, pero estarán a la expectativa de si Virginia las recoge o no; siguen interesados en los movimientos del grupo, e intervienen cuando se les da entrada. Con todo, Virginia, al tiempo que organiza la participación, tiene en cuenta la consigna de «ir pasando el papel» y de «procurar que todo el grupo lo entienda», se apropia de la posición central, pero reparte la participación, al menos en el momento de hacer operaciones y escribir.

Si bien la forma en que se han organizado permite a todos aprender, para próximas sesiones creemos que habría que intervenir para equilibrar más la participación y, sobre todo, la toma de decisiones entre los miembros del grupo. Se puede propiciar que la posición central no quede sólo en manos de una persona, y se comparta más. El primer paso puede ser que todo el grupo tome conciencia de este desequilibrio que, como hemos observado, no ven.

Área de sociales y naturales

La unidad de programación que mostramos como ejemplo, los volcanes, sigue de cerca el libro de texto, y su diseño es extrapolable, fácilmente, a otras unidades de ciencias sociales.

Entendemos que un diseño adecuado de unidades de programación de naturales, tiene que acercar a los alumnos y alumnas al mundo de la naturaleza, para ayudar a que la descubran. Si se trata de contenidos de ciencias sociales, se han de poner las condiciones para el conocimiento de la persona en tanto que ser social que actúa en el mundo en el que vive, así como de los ecosistemas y de los sistemas políticos, económicos y culturales que ha habido a lo largo del tiempo. Por lo tanto, las unidades tienen que articular la apropiación de saberes, la incorporación de procedimientos para interactuar, crear una disposición por interesarse y valorar el objeto de estudio. Esto supone, en este caso, complementar el trabajo a partir de textos escritos o materiales audiovisuales, con la observación, la experimentación y el contacto directo con el medio, partiendo de aquello que esté más cercano a los intereses del alumno.

Ejemplo de unidad de programación a partir del libro de texto: los volcanes

Muchas unidades del área de sociales o de naturales se pueden programar con facilidad siguiendo un modelo de trabajo por proyectos; enfoque que favorece, de hecho, el trabajo cooperativo. El trabajo por proyectos, aunque presupone una organización diferente de las unidades de programación que hemos visto hasta ahora, tiene, sin duda, muchas coincidencias con ellas. Pero la unidad que explicaremos en esta ocasión no seguirá un modelo de trabajo por proyectos, sino directamente el libro de texto. El libro de texto es un instrumento utilizado por la mayoría de los docentes. Aunque existan otras alternativas, no podemos menospreciar las que se basan en este recurso tan habitual. Algunos autores han elaborado propuestas interesantes para aumentar la eficacia del trabajo en las aulas que siguen el libro de texto. Estas propuestas favorecen la comprensión de los textos, aumentan la capacidad de los estudiantes de asimilar la temática trabajada, y ayudan a aprender a resumir; así mismo, favorecen el análisis de los conocimientos que tienen los alumnos al principio del tema y la evaluación final; y, por último, preparan las condiciones para posibilitar, a un tiempo, el trabajo individual, en gran grupo, y en pequeños grupos. Esta secuencia se puede desarrollar, aproximadamente, en dos sesiones de trabajo y en siete etapas[1]:

---

1. Nuestro agradecimiento a Isabel Solé, a partir de cuyos comentarios hemos desarrollado esta secuencia.

1. Enunciación del tema y precisión de los conocimientos que se quiere que el alumnado asimile.
2. Análisis de la situación inicial.
3. Análisis del texto.
4. Lectura individual.
5. Lectura en voz alta por parte del educador.
6. Trabajo en pequeños grupos: resumen del tema.
7. Evaluación.

Veremos, en esta unidad, la concreción de la mencionada secuencia en el tema de los volcanes, tras precisar sus objetivos, contenidos y evaluación. Sin duda, se podrían incluir otras actividades complementarias que se pueden preparar independientemente del libro de texto: representación en mapas de las zonas volcánicas, visita a un volcán, dibujo de un volcán, etc.; pero en nuestra propuesta didáctica sólo desarrollaremos los siete apartados que hemos mencionado.

Objetivos básicos
1. Entender lo que es un volcán y memorizar su definición.
2. Distinguir las partes de los volcanes.
3. Aprender los tipos de volcanes, las características propias de cada uno y el porqué de estas características.
4. Aprender cuáles son las grandes zonas volcánicas de la Tierra.
5. Adquirir la terminología básica sobre partes, tipos y zonas volcánicas.
6. Interpretar los textos trabajados sobre el tema, entendiendo las ideas principales y su organización.
7. Elaborar un resumen en pequeños grupos basándose en el texto y el esquema previamente construido entre todos.
8. Participar en la puesta en común de los conocimientos de partida y en los posteriores a la lectura del texto.
9. Interesarse por el contenido trabajado y por la elaboración del resumen en pequeños grupos.
10. Favorecer la participación de los demás compañeros en la elaboración del resumen.

Contenidos
1. Hechos y conceptos
   . La definición de volcán.
   . La formación de los volcanes.
   . Las partes de un volcán.
   . Los tipos y las características de cada tipo.
   . Las zonas volcánicas.
2. Procedimientos
   . La lectura e interpretación de textos.
   . La observación de fotografías e ilustraciones.
   . El uso del vocabulario básico.

- El resumen escrito de un texto.
3. Actitudes, valores y normas
  - El interés por el tema y por elaborar un resumen en pequeños grupos.
  - El respeto a la participación de los demás.

Criterios de evaluación
1. Al iniciar el tema, después de que el docente haya enunciado la temática e indicado a los alumnos y alumnas lo que debían aprender, se lleva a cabo un análisis de lo que conocen inicialmente: entre todos los alumnos y alumnas ponen en común los conocimientos previos de que disponen.
2. Durante el proceso de trabajo, el docente recogerá información, sobre todo mientras se construye el esquema en la pizarra, en los comentarios que se hagan después de la lectura individual y durante la elaboración del resumen escrito.
3. Finalmente, cuando todos los pequeños grupos hayan acabado su resumen, existe la posibilidad de evaluar la producción de cada uno y de pedir a los alumnos y alumnas que expliquen individualmente algunas de las ideas principales sobre la temática trabajada.

Propuesta didáctica
1. *Enunciación de la temática y precisión de los conocimientos que se desea que el alumnado asimile.* En un primer momento, el educador indica a los alumnos y alumnas el tema que trabajarán, les propone que abran el libro de texto por el capítulo pertinente y les transmite una idea muy general sobre su contenido. Enseguida les informa, con la mayor precisión posible, de los objetivos que pretende alcanzar: les dice exactamente qué quiere que aprendan.
2. *Análisis de la situación inicial.* Inmediatamente, el docente propone a los alumnos y alumnas que pongan en común todo aquello que ya conocen del tema que trabajarán: de forma espontánea el alumnado va interviniendo para aportar aquello que cada uno sabe sobre la temática iniciada. Con esta información, el docente va tomando nota en la pizarra, organizándola en un esquema en forma de árbol. En el transcurso de las aportaciones del alumnado, a veces será necesario modificar el esquema, porque en muchas ocasiones un constructo como el que están haciendo no sale en un primer intento y se tiene que hacer, borrar y rehacer de nuevo. El alumnado toma conciencia de que la elaboración de un esquema es un proceso, con unos movimientos parecidos a la construcción de un texto, en el que la corrección tiene que estar siempre presente.
A medida que el alumnado va aportando lo que sabe, y el docente lo incorpora sintéticamente en el árbol, también se hacen evidentes las carencias: lo que no se conoce del tema. El árbol evidencia, entonces, lo que saben y lo que no saben. En la puesta en común de los conocimientos previos puede surgir, por ejemplo, que hay diversos tipos de volcanes, que uno es el estromboliano, pero nadie sabe qué otros tipos existen, ni cómo se llaman; pueden aportar que en la Tierra existen zonas volcánicas, unas en América otras, quizá, en Asia; pero sin saber con más precisión dónde; habrá alumnos o alumnas que conocerán algunas partes de los volcanes, como el cráter y la chimenea; pero,

posiblemente, no sabrán si hay o no más partes. Con toda esta información se dan cuenta de lo que saben y de lo que no y que tendrán que buscarlo en el libro de texto. Por lo tanto, cuando recurran a él, harán una lectura orientada e irán a confirmar unos saberes y a buscar aquellos que les falten.

3. *Análisis del texto.* El paso siguiente consistirá en analizar el tema del libro, pero todavía no a partir de una lectura de todo el texto, sino sólo del título, subtítulos y palabras en negrita. Se hará, al mismo tiempo, un análisis de los gráficos, dibujos y fotografías, y se relacionarán con los subtítulos de las palabras en negrita.
Durante el ejercicio, el educador irá relacionando la información que aparezca con el esquema de la pizarra. Hasta donde sea posible se harán predicciones sobre la temática de los distintos apartados, solamente con los índices mencionados disponibles.

4. *Lectura individual.* A continuación, el docente propondrá una lectura silenciosa del tema y cada alumno o alumna tendrá que ir «rellenando el esquema» de la pizarra, los huecos de conocimientos que quedan, con la información que encontrará en el texto. Será, pues, una lectura orientada, cada uno a su ritmo, con la posibilidad de volver atrás cuando sea necesario y de tomar notas cuando lo consideren oportuno. Una vez finalizada, los alumnos y las alumnas pueden hacer las preguntas o comentarios que les interesen.

5. *Lectura en voz alta por parte del educador.* El docente puede optar, a continuación, por hacer una lectura en voz alta, deteniéndose ocasionalmente para introducir comentarios y relacionar lo leído con el esquema de la pizarra. De esta manera, además, hace que el alumnado se dé cuenta de lo que hace él cuando lee, cuando se enfrenta a un tema.

6. *Trabajo en pequeños grupos, resumen del tema.* En este apartado el docente incorpora el trabajo en grupos operativos: la actividad consistirá en elaborar un resumen entre todos los componentes del grupo, siguiendo de cerca el esquema que tienen en la pizarra y con el libro como referencia.
Las primeras veces que se trabaja con este diseño es conveniente ofrecer mucha ayuda a los grupos en este último momento del proceso: se puede hacer una recapitulación con el libro abierto, y el educador puede improvisar una aproximación al contenido que incluirán en el resumen, e incluso a la organización de las ideas. De hecho, no es difícil, porque sólo se trata de seguir el esquema que tienen escrito.
Mientras los grupos elaboran el resumen, el docente va de mesa en mesa y observa si trabajan con facilidad o encuentran dificultades excesivas. En este último caso, como es habitual, la ayuda consistirá en hacer que el grupo tome conciencia de cuál es el problema que tienen, y hacerlos discurrir maneras eficaces de solucionarlo.

7. *Evaluación*: Finalmente, el docente comprobará hasta qué punto los objetivos previstos se han cumplido. En lo que se refiere a los objetivos relacionados directamente con el tema de naturales, la evaluación puede basarse en memorizar el resumen del texto, o bien explicarlo oralmente o por escrito. La evaluación del trabajo en grupos operativos puede hacerse revisando sus producciones y hablando directamente con cada uno de los grupos.

Transcripción de una sesión de trabajo en pequeños grupos: elaboración de un resumen

La transcripción de esta sesión pertenece a un grupo de primero de ESO que ha seguido el diseño mencionado aplicado al tema de los volcanes. El esquema que adjuntamos es el que organizaron en clase, que sirve, junto con el libro de texto y algún material complementario, de guía para hacer el resumen. El grupo de alumnos y alumnas que hemos escogido está formado por un chico y dos chicas: Robin, Eva y Yésica. Veamos, ahora, el cuadro con el esquema y la sesión:

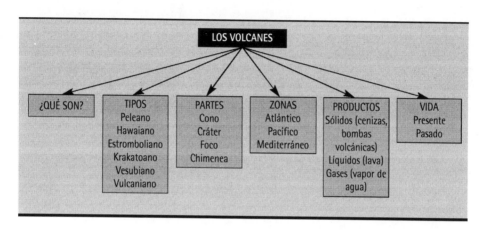

Maestro:	El otro día estudiamos los volcanes. Este es el esquema que hicimos. Ahora cada grupo hará un resumen, en una sola página. Se trata de hacerlo entre todos. ¿Qué tenéis que hacer? Pues poner el título, y luego, mirando el esquema, ¿qué dice primero?: «¿Qué son los volcanes?»; pues escribiremos: «Los volcanes son...». Punto. Después «Tipos de volcanes», así que pondremos: «Hay estos tipos de volcanes: hawaiano, estromboliano...». Punto y aparte. Después, las partes: «Los volcanes tienen cuatro partes». ¿Está claro? Sólo se trata de hacer el resumen. Os tenéis que organizar para hacer un resumen entre todos. Ya podéis empezar.
Eva:	¿Quién escribe?
Robin a Eva:	Mira, Yésica escribe: «Qué son»; luego tú: «Los tipos» y yo: «Las partes», y después hacemos el resto entre todos.
Eva	(mirando el libro): Mira, está aquí, página 146... hay que buscar.
Yésica a Eva:	Buscar «Qué son».
Eva	(leyendo): «Los materiales de debajo de la corteza terrestre están sometidos a gran presión y altas temperaturas, y están fundidos».
Robin a Eva:	Quiere decir que son rocas que están apretadas y quieren salir, ¿verdad?
Yésica:	Mejor que pongamos «materiales».
Robin a Yésica:	Materiales sometidos a una gran presión.
Yésica a Eva:	Y cuando quieren salir forman una erupción volcánica.

	(Yésica escribe: «Los volcanes. ¿Qué son? Son materiales que están bajo la corteza terrestre y al salir forman una erupción volcánica».)
ROBIN:	Hay seis tipos.
ROBIN A YÉSICA:	Acércame las hojas *(refiriéndose a un material complementario del que disponen aparte del libro de texto).*
EVA A ROBIN	*(preparándose para escribir):* ¿Qué tipos hay?
ROBIN A EVA	*(enseñándole las hojas):* ¡Ah!, sí.
ROBIN	*(leyendo la hoja que Eva tiene delante):* Hay seis tipos de volcanes: hawaiano, estromboliano...
EVA	*(siguiendo la lectura):* Vulcaniano, peleano, ¿no?, vesubiano y krakatoano.
ROBIN A EVA:	Ahora te toca escribir a ti.
EVA A ROBIN:	¿Yo, los tipos?
ROBIN A EVA:	Con bolígrafo.
EVA:	Sí, claro.
EVA A YÉSICA:	¿Qué pongo? ¿Hay seis tipos?
YÉSICA A EVA:	Sí, «Tipos», primero pon «Tipos».
	(Eva escribe: «Tipos».)
EVA:	Hay seis tipos.
	(Eva escribe: «Hay seis tipos de volcanes: hawaiano, estromboliano, vulcaniano, peleano, vesubiano y krakatoano».
	Robin pone una hoja delante de Eva en la que están escritos los seis tipos de volcanes y se los va señalando con el dedo, mientras Eva escribe.)
YÉSICA A EVA	*(corrigiéndole la ortografía):* Hawaiano se escribe con *h*, Eva.
EVA A ROBIN	*(pasándole la hoja):* Te toca.
ROBIN:	Las partes...
EVA A ROBIN	*(dictando):* Los volcanes tienen cuatro partes.
	(Yésica le pone el texto delante a Robin, y le señala las partes de los volcanes, que están escritas en negrita. Robin escribe: «Los volcanes tienen cuatro partes: cono, cráter, foco y chimenea».)
YÉSICA A ROBIN	*(dictando):* El cono es la apertura por la que salen los materiales volcánicos.
	(Robin escribe: «El cono es la apertura por la que salen los materiales volcánicos».)
ROBIN:	¿Y el cráter?
	(Robin escribe: «Cráter».)
YÉSICA A ROBIN:	Es la parte de arriba... *(le da tiempo a Robin para que escriba)* de la que salen... los productos.
	(Robin escribe: «Es la parte de arriba de donde salen los productos».)
YÉSICA:	Foco.
EVA A YÉSICA:	Esto dijo la «seño» que no entraba.
ROBIN:	Sí.
EVA	*(leyendo un material complementario al libro de texto):* «El punto del volcán donde éste se origina. El lugar donde están los materiales fundidos que saldrán a la superficie recibe el nombre de foco del volcán».
ROBIN A EVA:	¿Dónde lo pone?

EVA A ROBIN	*(señalando con el dedo):* Hasta aquí.
ROBIN A EVA:	¡No tanto!
EVA A ROBIN:	No es tanto, sólo hasta este punto y seguido.
	(Robin escribe: «Foco: el punto del volcán donde éste se origina. El lugar donde están los materiales fundidos que saldrán a la superficie recibe el nombre de foco del volcán».*)*
MAESTRO:	¿Os va saliendo?
EVA:	Sí.
MAESTRO:	¿Lo podéis hacer entre todos?
EVA Y YÉSICA:	Sí.
ROBIN:	Ahora la chimenea... *(Lee del libro la definición y se equivoca al copiar la última palabra.)*
	(Robin escribe: «Chimenea: el canal por el que el magma sale desde el interior de la tierra al exterior recibe el nombre de cráter».*)*
EVA A YÉSICA	*(mientras Robin escribe):* Lo que nos dijo la «seño» del magma, está aquí. *(Señala el texto.)*
ROBIN A YÉSICA	*(pasándole la hoja):* Te toca.
YÉSICA:	Ahora las zonas, ¿no?
	(Yésica escribe: «Zonas».*)*
EVA A YÉSICA	*(dictando):* Existen tres zonas: el Pacífico, el Atlántico y el Mediterráneo. *(Robin señala en el texto la palabra* Atlántico.*)*
	(Yésica escribe: «Existen tres zonas: el Pacífico, el Atlántico y el Mediterráneo».*)*
EVA A YÉSICA	*(dictando):* Productos...
	(Yésica escribe: «Productos».*)*
EVA A YÉSICA:	Existen tres tipos de productos...
ROBIN A YÉSICA:	Los sólidos: la ceniza y la bomba volcánica.
	(Yésica escribe: «Los sólidos: cenizas y bombas volcánicas».*)*
EVA A YÉSICA:	Líquidos...
	(Yésica escribe: «Líquidos».*)*
ROBIN A YÉSICA:	Líquidos: la lava...
	(Yésica escribe: «La lava».*)*
ROBIN A YÉSICA:	Gases: vapor de agua.
YÉSICA	*(mirando unas hojas):* ... y gases volcánicos.
	(Yésica escribe: «Gases: vapor de agua y gases volcánicos, y pasa la hoja a Eva».*)*
EVA A YÉSICA:	Sí, ya está.
ROBIN A EVA:	Ahora te toca escribir a ti.
EVA:	A ver... hay dos tipos de vida. Primero pongo *vida.*
	(Eva escribe: «Vida».*)*
ROBIN	*(dictando):* Hay dos tipos de vida...
EVA:	Hay dos tipos de vida, la presente y la pasada.
	(Eva escribe: «Hay dos tipos de vida: el presente y el pasado».*)*
YÉSICA A EVA:	Aquí hay algo..., en estas hojas *(señalando el material complementario).*
ROBIN A YÉSICA:	Pues búscalo.

(Yésica saca unas hojas y busca la parte donde se habla de la vida de los volcanes. Cuando la encuentra, lo lee en voz baja y luego lo co - menta a sus compañeros.)

La vida presente de un volcán es cuando está en erupción, y la vida pasada es cuando se formó.

(Eva escribe: «La presente».)

EVA:	La presente, ¿y qué más?
YÉSICA A EVA:	La presente es cuando está en erupción.

(Eva escribe: «Cuando está en...».)

EVA A YÉSICA:	¿Erupción?
YÉSICA A EVA:	Sí.

(Eva escribe: «Erupción».)

EVA A YÉSICA:	Ya está, ¿verdad?
YÉSICA A EVA:	Sí.

(Eva pone el punto final.)

EVA:	Ya está.
MAESTRO:	¿Ya habéis acabado?... Pues ahora lo podríais repasar entre todos, por si hay algo...
EVA AL MAESTRO:	¿En lo que nos hemos equivocado?
MAESTRO:	En lo que os hayáis equivocado, o que queráis cambiar...

(El grupo se pone a repasar el texto. Robin empieza a leer en voz alta mientras los demás siguen el texto. Unas líneas más abajo Eva también se pone a leer en voz alta, al mismo ritmo que Robin. Al final Yésica hace una corrección, refiriéndose a la vida de los volcanes.)

YÉSICA:	No, no, el pasado es cuando se está formando.
EVA A YÉSICA:	¿Cuándo se está formando? ¿Seguro? ¿Qué quieres decir? *(Corrige con Típex la frase que había escrito.)*
YÉSICA:	Y el futuro... el futuro es cuando ha dejado de estar activo.

(Eva añade: «Futuro: cuando ha dejado de estar activo».)

ROBIN A EVA:	De estar activo... punto.
EVA:	Ya está.
MAESTRO:	Muy bien. ¿Cómo ha ido?
TODOS:	Muy bien.
MAESTRO:	¿De verdad?
TODOS:	Sí.

Querríamos destacar de esta sesión el cuidado que la maestra ha tenido en establecer unas condiciones iniciales que garantizasen la correcta resolución de la tarea y una dinámica adecuada. Primero enlaza la sesión con la del día anterior, y a continuación indica las estrategias que deberán emplear los grupos para hacer el resumen: mirando el esquema, «¿qué dice primero?» «¿Qué son los volcanes?», pues escribiremos, «Los volcanes son... Punto.» Con esta exposición inicial les muestra, de una manera muy clara, cómo tendrán que organizar las ideas, indicando, incluso, los puntos y aparte y los puntos y seguido. A lo largo de la sesión comprueba, en algunas ocasiones, el funcionamiento del grupo, y los deja que trabajen solos.

En cuanto a los miembros de este grupo, querríamos destacar las habilidades de los integrantes en la dinámica de funcionamiento. En este sentido no se nos escapa la precisa distribución de la participación entre los tres componentes, su buena capacidad de entendimiento, la autonomía que manifiestan y su agilidad en la tarea. Asimismo, pondríamos de relieve el intercambio de conocimientos entre los componentes del grupo, las informaciones que se transmiten sobre el tema en el que trabajan y el proceso de construcción del resumen; y finalmente destacaríamos también las actitudes de buena disposición para el trabajo en equipo. Todo ello en conjunto hace que la sesión resulte provechosa y agradable para todos.

4

La evaluación

En este capítulo querríamos distinguir dos apartados: el primero para tratar de la evaluación del alumnado, el segundo para abrir el tema de la evaluación de la práctica educativa basada en el trabajo en grupos operativos. El primero requerirá examinar la evaluación de los alumnos y alumnas al principio, durante y al final de un proceso de trabajo. El segundo supondrá una reflexión del docente o del equipo para autoevaluar su propia práctica en el aula.

Evaluación del alumnado

En cualquier proceso de enseñanza-aprendizaje, el educador ha de conocer el punto de partida de los alumnos, cómo les va mientras aprenden y qué acaban por aprender. En el trabajo en grupos operativos en el aula entran en juego los aprendizajes académicos, y al mismo tiempo los que se refieren al trabajo en pequeños grupos: el alumnado ha de aprender conocimientos fácticos, procedimentales y actitudinales de las áreas, y también a trabajar en equipo. Consideraremos la evaluación como instrumento pedagógico al servicio de este doble objetivo: la regulación de los procesos de enseñanza-aprendizaje de las diferentes unidades de programación, y la regulación de los procesos de apropiación del trabajo en los grupos operativos. Tanto el uno como el otro se podrían considerar, en principio, desarrollados en la evaluación inicial, formativa y final. Igualmente, se podría incluir la evaluación que lleva a cabo el docente dirigida a cada grupo operativo y a cada integrante, la autoevaluación de cada grupo y también la de cada uno de sus componentes. Pero no se pueden utilizar al mismo tiempo todas estas opciones —la experiencia nos muestra que casi nunca se llega a hacer sistemáticamente—; en cada situación se opta por aquella práctica o prácticas evaluativas que se creen más oportunas, sobre la base de diversos criterios: necesidad de disponer de determinadas informaciones, esfuerzo que supone evaluar, ahorro de tiempo, etc. A continuación haremos un pequeño recorrido por estos tipos y objetos de evaluación, destacando los que en nuestra experiencia nos han parecido más funcionales.

Evaluación inicial

Cuando un docente inicia un proceso de enseñanza y aprendizaje necesita saber los conocimientos de partida de los alumnos. Al mismo tiempo, es conveniente que éstos tomen conciencia de sus conocimientos de base.

En lo que respecta a los contenidos académicos, ya hemos mencionado la necesidad que existe de que se haga un análisis de los conocimientos previos que realiza el educador para tomar conciencia, él y los alumnos del aula, del punto de partida de sus aprendizajes. En ocasiones la evaluación inicial toma la forma de una prueba que cada alumno o alumna realiza individualmente: se puede hacer un control individual para saber dónde está cada alumno o alumna respecto al tema trabajado, y a partir de aquí definir los objetivos que se quieren conseguir. Pero todos sabemos que muchas veces no se formaliza esta recogida de información inicial, y no por ello se deja de organizar una programación ajustada a la diversidad de los alumnos y alumnas. Y existen situaciones en las cuales introducir formalmente la evaluación inicial puede generar más efectos secundarios que aportaciones valiosas: existe el peligro, por ejemplo, de cargar la tarea educativa de actuaciones que están avaladas por la teoría, pero que en la práctica aportan poco al profesorado. Diríamos, por lo tanto, que la importancia de la evaluación inicial está fuera de duda, pero que es necesario encontrar maneras de aplicarla sin sobrecargar a quienes la han de poner en práctica.

En lo que respecta a la evaluación inicial de las habilidades de trabajo en grupos operativos, puede pasar algo parecido: es posible diseñar una serie de pruebas para precisar los conocimientos fácticos, procedimentales y actitudinales de que disponen los alumnos sobre este tipo de trabajo, pero entrar por esta vía puede suponer involucrarse en actuaciones tan engorrosas como poco operativas. Es mucho más sencillo optar, simplemente, por abrir el tema del trabajo en pequeños grupos, preguntando a toda la clase qué es lo que saben del tema y si tienen alguna experiencia de él, y poner en común sus conocimientos.

En relación con esta puesta en común sobre lo que saben del trabajo en pequeños grupos, el docente puede transmitirles los objetivos que tendrán que cumplir al final, sobre los cuales se basará la evaluación. Puede decir, por ejemplo: «Tendréis que aprender a trabajar juntos, de manera ágil y autónoma. Cuando hagamos la evaluación nos fijaremos en si todos habéis participado lo suficiente en el trabajo, o si algunos grupos no lo habéis conseguido; si habéis trabajado con ligereza y si habéis necesitado poca ayuda por mi parte. Desde luego, además, también contará que lo hayáis hecho bien». Nos parece muy importante que el alumnado, antes de empezar una unidad de programación, tenga claro qué se le evaluará cuando acabe, y qué tiene que aprender para que el resultado de la evaluación sea satisfactorio.

Evaluación formativa

Ya hemos mencionado, desde otro punto de vista, la información que el docente va recogiendo mientras los grupos operativos trabajan: el educador, después de haber explicado en clase a los alumnos lo que tenían que hacer, inicia un recorrido de grupo en grupo para valorar cómo llevan a término las tareas y el propio trabajo en equipo. Cuando lo considera oportuno, además de mirar y escuchar, puede hacer preguntas sobre este doble marco, con intervenciones como las que ya hemos mencionado: «¿Lo estáis haciendo entre todos? ¿Ya tenéis todos algo que hacer? ¿Os habéis organizado de manera que todos puedan hacer un poco de todo? ¿Qué os parece esta manera de trabajar?», etc. Y lo mismo en cuanto a la tarea: «¿Sabéis cómo se hace? ¿Va saliendo? ¿Estáis atascados? ¿Qué problema hay?», etc.

A veces, el docente se acerca a los grupos y, sin que nadie se lo haya pedido, observa o pregunta; pero en otras ocasiones va a dar respuesta a una solicitud que se le ha hecho. En este segundo caso puede tratarse de una pregunta sobre la actividad propiamente dicha, o sobre algún problema del funcionamiento del grupo. El educador se acerca y trata de entender el significado de la solicitud, para organizar, a continuación, la respuesta más pertinente. En todo caso, todo este movimiento le permite valorar continuamente los procesos de trabajo desde los dos puntos de vista mencionados.

En esta evaluación, el educador se va apropiando de las informaciones más significativas para intervenir en la mejora de las tareas y de la dinámica grupal. Una parte de las informaciones que recibe no las traduce en una respuesta inmediata: las reservará para más adelante, por ejemplo para el diseño de nuevas unidades de programación; pero otra parte de las informaciones que recibe genera una respuesta inmediata. El educador interviene cuando cree que su aportación ayudará al grupo. Si no, calla, observa, escucha o pregunta.

Este tipo de evaluación permite al profesor o profesora comprender las dificultades del grupo y contribuir a superarlas, aportando las reflexiones o recursos necesarios en cada caso. En la medida en que los alumnos pueden tomar conciencia de dónde se encuentran las dificultades, autorregulan su propio proceso para avanzar. La observación del proceso ofrece indicadores a tener en cuenta en la valoración de los resultados del trabajo en grupo. En una tarea larga, la evaluación ofrece *feedbacks* sucesivos entre profesor o profesora y grupo en relación con las elaboraciones parciales. Por ejemplo, en la construcción de un texto en grupo se puede recoger información sobre el guión de trabajo, sobre la primera información que los alumnos obtienen, la propuesta de ordenación de esta información y el primer borrador. Las intervenciones del educador que se desprenden de la información que va recibiendo son fundamentales para mejorar los aprendizajes del alumnado.

En el trabajo en grupos operativos la evaluación formativa es, a nuestro juicio, imprescindible.

Evaluación final

Cuando los grupos han finalizado una tarea, resulta apropiado reservar un tiempo para comprobar qué han aprendido, y hasta qué punto se han cumplido los objetivos previstos, tanto del tema desarrollado como del trabajo en pequeños grupos.

La evaluación final —planteada como evaluación o como autoevaluación— puede desarrollarse también en dos apartados:

- Los aprendizajes académicos.
- El funcionamiento de los grupos operativos como tales y el de cada uno de sus integrantes.

Veámoslos por separado.

La evaluación o autoevaluación de los aprendizajes sobre el tema trabajado

Podemos evaluar el producto final elaborado por el grupo, o bien lo que cada componente ha aprendido elaborándolo. También es posible proponer una autoevaluación: que el grupo, o cada integrante, se autoevalúe.

Evaluación de la tarea de grupo

La evaluación del trabajo que ha hecho cada grupo operativo tiene que partir de los objetivos inicialmente fijados y que se han explicitado al alumnado; si se trataba de construir, por ejemplo, una noticia en pequeños grupos ateniéndose a los aspectos formales, de estructura y contenido, léxico y ortografía, la evaluación deberá atenerse a ellos. En este caso, una opción posible puede ser que el docente realice una lectura del texto que el pequeño grupo ha elaborado, y delante de ellos, les comente uno por uno estos aspectos mencionados. Aún así, aunque puede tener sentido la evaluación de la tarea de grupo, no hemos de perder de vista que lo importante es que cada alumno o alumna haya aprendido algo durante el curso del trabajo realizado.

Autoevaluación de la tarea de grupo

Si el docente opta por la autoevaluación, tiene la posibilidad de ofrecer algunas pautas que la faciliten. El cuadro 1 (véase página 107) podría ser un ejemplo de autoevaluación de grupo de una noticia: cada grupo operativo, durante un tiempo prefijado, puede autoevaluar la tarea realizada basándose en la pauta que el educador le facilite. Al acabar, todos los grupos pondrán en común los aspectos bien logrados y los que convendría mejorar en producciones posteriores. En teoría, la evaluación del docente y la autoevaluación no son en modo alguno incompatibles, sino complementarias. Pero, en la práctica, en ocasiones no siempre se cree conveniente incluir las dos por diversos motivos, como por ejemplo la agilidad en el trabajo o la economía de tiempo.

Hemos comprobado que en la evaluación de las tareas de grupo resulta muy enriquecedor que cada grupo, tras acabarlas, dedique unos minutos a comentarlas con toda la clase. Se puede poner énfasis en algunos de los aspectos bien logrados de cada trabajo, y a contrastarlos entre sí, no para destacar los mejores, sino para verbalizar la diversidad de realizaciones, para valorarlos en todo lo que tienen de específico.

Evaluación de la tarea individual

Otro tema es la evaluación de la tarea individual: la comprobación por parte del docente, de lo que cada alumno o alumna ha aprendido. La evaluación individual se puede abordar con la recogida de una muestra significativa del trabajo individual de cada alumno. Por ejemplo, proponiendo unos ejercicios sobre el tema trabajado.

Autoevaluación de la tarea individual

Si el educador opta por servirse de la autoevaluación individual, puede ofrecer una pauta que la facilite. El cuadro 2 (véase página 108), paralelo al cuadro 1 (véase página 107), pero redactado en primera persona del singular, sería un ejemplo adecuado también para una autoevaluación individual.

Cuadro 1. Autoevaluación de la tarea del grupo

GRUPO:	FECHA:
ELABORACIÓN DE UNA NOTICIA	AUTOEVALUACIÓN
1. Hemos puesto el título de la noticia.	
2. Hemos puesto el título centrado, en letra grande y algo separado del resto del texto.	
3. Hemos dejado márgenes arriba, abajo y a los lados.	
4. Hemos organizado la información de más general a más particular y de más importante a menos importante.	
5. Hemos incluido qué ha pasado, dónde, cuándo y a quién.	
6. Hemos redactado de forma clara.	
7. Ha quedado limpio y bien presentado.	
8. Otros.	

VALORACIÓN: +, +/-, -

OBSERVACIONES:

Como en el caso de la autoevaluación de grupo, en la individual también se puede cruzar la evaluación con la autoevaluación, con resultados sin duda enriquecedores. Pero entendemos que corresponde a cada educador comprobar si la información así extraída compensa el esfuerzo que supone esta doble actividad, o si le es más práctico optar por una sola.

La evaluación o la autoevaluación del grupo y de cada componente

Si tenemos en cuenta que se puede evaluar el funcionamiento de un grupo o el de cada componente, y que se puede proponer la autoevaluación de un grupo, o también de cada componente, aparecen cuatro posibilidades, que desarrollaremos una por una y en este mismo orden.

Cuadro 2. Autoevaluación de la tarea individual

ALUMNO/A:	FECHA:
ASPECTOS A EVALUAR	**AUTOEVALUACIÓN**
1. He puesto el título de la noticia.	
2. He puesto el título centrado, en letra grande y algo separado del resto del texto.	
3. He dejado márgenes arriba, abajo y a los lados.	
4. He organizado la información de más general a más particular y de más importante a menos importante.	
5. He incluido qué ha pasado, dónde, cuándo y a quién.	
6. He redactado de forma clara.	
7. Ha quedado limpio y bien presentado.	
8. Otros.	
VALORACIÓN: +, +/-, -	
OBSERVACIONES:	

La evaluación del funcionamiento de los grupos

Hemos comprobado el extraordinario interés que tiene la evaluación del funcionamiento de los grupos para mejorarlos: resulta muy enriquecedor hacer una pausa al final de las unidades de trabajo en grupos y evaluar cómo han funcionado.

La evaluación que realiza el educador del funcionamiento de los grupos, lo que han aprendido y lo que todavía les falta por asimilar, es básica para trabajar con eficacia. En muchas ocasiones, se hace de una manera más intuitiva que metódica, y no por ello dejan de obtenerse buenos resultados. A pesar de ello, hemos incluido el cuadro 3 (véase página 109) para aquellos docentes que deseen sistematizarla: los seis criterios que figuran en él deben tomarse como criterios posibles, pero cada cual, en su momento, priorizará aquellos que estime convenientes. En todo caso, hemos com-

Cuadro 3. Evaluación del funcionamiento de los grupos

FECHA:					
ÍTEMS	GRUPO 1	GRUPO 2	GRUPO 3	GRUPO 4	GRUPO 5
1. Trabajan todos.					
2. Trabajan todos bastante.					
3. Trabajan todos en todo.					
4. Agilidad en la tarea.					
5. Autonomía.					
6. Buen clima de grupo.					

VALORACIÓN: +, +/-, -

OBSERVACIONES:

probado que es muy útil verbalizar, delante de toda la clase, lo más relevante que se haya observado en la valoración.

La autoevaluación del funcionamiento del grupo

Pero dirigir a los grupos hacia una autoevaluación puede ser todavía más enriquecedor que la evaluación de su funcionamiento por parte del docente. Si el educador se decide por esta opción, puede proponer a cada grupo que durante un cierto tiempo se dedique a pensar en cómo ha trabajado, anunciando que después se pondrá todo en común, y facilitando algunas orientaciones para la reflexión. En este caso, se diseña la autoevaluación de manera que los alumnos dispongan de unas pautas, pero se les invita a modificarlas con el fin de desarrollar, desde sus criterios, cómo han vivido su propio funcionamiento. Al finalizar el tiempo fijado se puede hacer la puesta en común, en la cual cada grupo inicia su aportación al resto y el docente, si lo cree conveniente, sintetiza y organiza en la pizarra las aportaciones.

Otra posibilidad es ofrecer un formulario en el que figuren algunos ítems más cerrados, que los alumnos y alumnas deberán valorar. El formulario del cuadro 4 (véase página 110) es un ejemplo. Los ítems se basan en los objetivos que el educador se ha propuesto sobre el aprendizaje del trabajo en grupo.

Cuadro 4. Autoevaluación del funcionamiento del grupo

GRUPO:	FECHA:
ASPECTOS QUE SE DEBEN VALORAR	**AUTOEVALUACIÓN**
1. Hemos participado todos en el trabajo.	
2. Hemos trabajado todos bastante.	
3. Hemos trabajado todos en diversas tareas.	
4. Hemos sido ágiles.	
5. Hemos trabajado con autonomía.	
6. Nos hemos entendido bien como grupo de trabajo	
7. ...	

VALORACIÓN: +, +/-, -

OBSERVACIONES:

La evaluación del funcionamiento individual

Para evaluar el funcionamiento de cada alumno o alumna, el educador puede utilizar una tabla como la que incluimos en el cuadro 5 (véase página 111), en cuya primera columna figura el listado de alumnos del aula, y en la fila superior las consecuciones que se desea que incorporen. Otra posibilidad es usar esta tabla sólo para los alumnos y alumnas que requieran un seguimiento especial.

La autoevaluación del funcionamiento individual

Si la opción evaluativa incluye la autoevaluación del funcionamiento individual, es posible ofrecer una pauta a cada alumno o alumna como la que incluimos en el cuadro 6 (véase página 112), para que cada uno contraste los objetivos que en principio se habían establecido con las adquisiciones hechas.

No querríamos acabar este apartado sin una última reflexión sobre la práctica de la evaluación: tenemos la impresión de que, a veces, planteamos la evaluación del alumnado con una aridez que no querríamos para nosotros. Aunque en ocasiones los adultos soportamos evaluaciones muy persecutorias, también encontramos muchas que tienen un tono más agradable: recordemos, por ejemplo, la respuesta que esta-

Cuadro 5. Evaluación del funcionamiento individual

FECHA:					
ALUMNOS/AS	**ÍTEMS**				
	Participa en el trabajo en grupo.	Deja participar y decidir a los demás.	Trabaja de manera autónoma.	Es ágil en el trabajo.	Ayuda y se deja ayudar por los demás.
1.					
2.					
3.					
4.					
5.					
6.					
7.					
8.					
9.					
10.					
11.					
12.					
13.					
14. ...					

VALORACIÓN: +, +/-, -

OBSERVACIONES:

Cuadro 6. Autoevaluación del funcionamiento individual

ALUMNO/A:	FECHA:
ASPECTOS QUE SE DEBEN VALORAR	**AUTOEVALUACIÓN**
1. He participado en el trabajo.	
2. He trabajado bastante.	
3. He trabajado en diversas tareas.	
4. He sido ágil.	
5. He trabajado con autonomía.	
6. Me he entendido bien con los demás compañeros.	
7. ...	
VALORACIÓN: +, +/-, -	
OBSERVACIONES:	

mos acostumbrados a recibir de amigos y conocidos cuando hemos acabado, por ejemplo, un artículo para una revista, o cuando hemos elaborado una receta de cocina que llevamos a la mesa, o si nos hemos comprado un vestido, o decorado una nueva casa: el *feed-back* que recibimos suele tener connotaciones evaluativas, pero también contiene lo que podríamos llamar una celebración: se muestra el producto, el que lo muestra se recrea y los que lo contemplan también; no es infrecuente felicitar al autor. Se abre un espacio para su disfrute. Dentro de esta situación tiene cabida, también, la valoración de aspectos bien logrados y deficitarios.

En otras palabras, no pretendemos desatender la evaluación del alumnado al inicio de las unidades de programación, pero muchas veces no tiene por qué estar desligada del placer de poner en común lo que cada uno sabe y sabe hacer, en un clima de preparación del alumnado para nuevos descubrimientos. No sería adecuado descuidar la evaluación formativa, pero no tiene por qué estar desligada del cuidado del docente a los grupos mientras trabajan, con las orientaciones gratificantes que se pueden ofrecer durante el trabajo. Y finalmente, no pretenderíamos desatender la evaluación del alumnado al final de las unidades de programación, pero nos preguntamos si tal vez sería necesario aumentar la sensibilidad para celebrar conjuntamente los trabajos acabados y el funcionamiento de los grupos que lo ha permitido.

Evaluación de los docentes en el trabajo en pequeños grupos en el aula

Cuando un docente o un equipo decide sistematizar la práctica del trabajo en pequeños grupos en el aula han de poder disponer de algunas pautas que les sirvan de guía, al menos al principio de su experiencia. En todo caso, han de poder dar una primera respuesta a la cuestión de si la organización en pequeños grupos es adecuada, el manejo de la dinámica es oportuno o las unidades de programación son las acertadas. Una respuesta más definitiva a estas preguntas requiere comprobar en qué medida se cumplen los objetivos que se proponen: si se da el hecho de que los alumnos y alumnas asimilan los conocimientos académicos previstos y aprenden a trabajar cooperativamente de forma adecuada, probablemente esto quiere decir que se va por buen camino. Pero, complementariamente a esta vía, hemos comprobado que es útil disponer de un listado de indicadores como los que presentamos en el cuadro 7 (véase página 115), que sintetizan la mayor parte de los temas nucleares que hemos incluido en este libro. Como mínimo, facilitan la reflexión sobre la organización y el funcionamiento de esta propuesta de trabajo. No hemos tenido pretensiones de abarcar todo lo abarcable, ni tampoco de fijar los indicadores más importantes; entendemos que la importancia dependerá, en buena medida, de cada situación concreta y de la que le otorgue cada docente o cada equipo. En lo que respecta al número de pautas, hemos tenido en cuenta el equilibrio entre la economía de esfuerzos y la suficiente exhaustividad de los indicadores: hemos querido incluir un número lo bastante pequeño como para que no requiera un esfuerzo excesivo revisarlo, al tiempo que hemos tenido presente la necesidad de dar una cobertura suficiente para permitir una reflexión exhaustiva.

En lo que se refiere a la *formación de los grupos*, los docentes y grupos que se autoevalúen la práctica del trabajo pueden tener en cuenta si han decidido acertadamente el número de integrantes de cada grupo, o bien si algunos probablemente hubiesen funcionado mejor con más o menos número; en qué medida el grado de heterogeneidad dentro de cada pequeño grupo ha posibilitado una dinámica enriquecedora para todos, o bien si las divergencias demasiado grandes de niveles y ritmos, o la excesiva homogeneidad, han conformado situaciones poco enriquecedoras; si la organización de los grupos ha favorecido el enriquecimiento de los alumnos y alumnas de niveles más evolucionados y ritmos de aprendizaje más rápidos; hasta qué punto los alumnos menos evolucionados o más necesitados de ayuda han sido correctamente ubicados en cada grupo y han podido sacar suficiente provecho de la situación establecida; si el lugar ocupado en el aula por los alumnos más necesitados ha sido el más oportuno para los aprendizajes escolares y las relaciones con los demás compañeros y los educadores; cómo se ha contemplado la heterogeneidad de niños y niñas o de chicos y chicas, así como la heterogeneidad lingüística y cultural, en el caso de que se dé; y, finalmente, en qué medida la agrupación establecida resulta lo bastante cómoda, tanto para el docente como para el alumnado.

En lo que respecta al manejo de la *dinámica de los grupos* operativos, se puede evaluar hasta dónde se fijan las condiciones a fin de que todos los componentes participen en la tarea y que participen en ella de forma suficiente; si se procura que cada integrante favorezca la participación de los demás miembros; si se trabaja, al mismo tiempo, para que los componentes asuman roles y funciones diferentes —como, por ejemplo, dictar un texto, escribir el borrador, corregirlo, pasarlo a limpio, hacer dibujos—; si se trabaja en que los componentes de cada grupo vayan aprendiendo a participar y a dejar participar; hasta qué punto se tiene en cuenta que cada uno vaya aprendiendo a tomar decisiones y a dejar que otros las tomen; si se trabaja con cuidado en la participación de aquellos alumnos y alumnas que manifiestan necesidades educativas especiales; si se favorece que los grupos aprendan a regular el equilibrio participativo y decisorio de cada alumno; si se enseña a trabajar con autonomía, pero al mismo tiempo a solicitar la colaboración del educador cuando sea necesario; y si se procura que los grupos trabajen con suficiente agilidad. También en este apartado se puede valorar si los educadores tienen bastante en cuenta la potenciación de los roles con efectos favorecedores del buen desarrollo del trabajo y del buen entendimiento entre los compañeros; y si se trabajan los roles de efectos negativos, como los de bloquear el grupo, retraerse, jugar, llamar la atención, agredir, dominar o competir. Dentro de otro bloque de este apartado se puede valorar si se tiene en cuenta que en cada grupo los componentes favorezcan la inclusión de todos ellos; si se favorece la tendencia a valorarse positivamente, a reforzar las relaciones de amistad o compañerismo, a protegerse y a ayudarse siempre que sea necesario. Finalmente, los educadores pueden valorar su propia disponibilidad en el momento de subrayar los progresos de cada alumno o alumna y grupo, más que a evidenciar sus defectos; el control suficiente del exceso de ruido; la contención del movimiento improcedente de los alumnos, la eficacia en el mantenimiento del interés del alumnado por el trabajo, y el acierto en el trabajo de las habilidades sociales: la habilidad de escuchar con atención las intervenciones de los demás, el control del tono de voz, la connotación positivadora de las aportaciones de los compañeros, etc.

En lo que respecta a las *tareas* a las que se enfrentan los grupos operativos, se puede evaluar el acierto en su elección y ver hasta qué punto las tareas escogidas permiten hitos que el alumnado pueda alcanzar en grupo; hasta qué punto la tarea escogida permite la implicación de todos los integrantes; si el grado de dificultad de las actividades es adecuado para todos los componentes del grupo; si las actividades son resolubles a diferentes niveles; si existen materiales y recursos suficientes para que los grupos puedan llevar a término las tareas; si al acabar las tareas se permite al alumnado disfrutar del producto; y hasta qué punto la tarea resulta interesante para el grupo que la ha de llevar a cabo. Respecto a la organización y desarrollo de las tareas, la reflexión puede incluir verificar si se ha transmitido al grupo con suficiente claridad qué tiene que hacer, cómo, cuándo y por qué; y si se les ha hecho tomar conciencia de los conocimientos de los que parten. En cuanto al sentido que tiene para los alumnos el aprendizaje del trabajo en pequeños grupos, hay que comprobar hasta qué punto se les ha transmitido con claridad qué es, cómo se hace y por qué es importante sistematizarlo.

Finalmente, refiriéndonos a la *evaluación*, hay que revisar hasta qué punto se informa al alumnado, al inicio de las unidades de programación, de los conocimientos que tienen que asimilar referentes a la materia trabajada y al mismo tiempo al funcionamiento en grupo; si se lleva a cabo la evaluación del funcionamiento de los pequeños grupos; el grado de acierto de las actividades de autoevaluación, y hasta qué punto se cumplen los objetivos de aprendizaje planteados para cada uno de los alumnos y alumnas del aula.

Faltaría aún una evaluación referente a parámetros más próximos al equipo docente y a la cultura del centro. En este sentido puede ser significativo evaluar hasta qué punto la institución como tal es sensible a este tipo de trabajo; si en el equipo docente existe el hábito de funcionar cooperativamente; y hasta qué punto esta práctica se refleja en los documentos en los que el centro ha definido su funcionamiento.

A fin de facilitar la evaluación de todos estos puntos hemos elaborado el cuadro 7, pensado para identificar los puntos adecuadamente conseguidos y los que convendría mejorar. Es posible identificar estos últimos, seleccionar los que se consideren prioritarios y organizar las intervenciones pertinentes para resolverlos, hasta donde sea posible.

Cuadro 7. Evaluación de la práctica educativa del trabajo en grupos operativos

	ASPECTOS QUE SE DEBEN CONSIDERAR	VALORACIÓN
FORMACIÓN DE LOS GRUPOS	El número de integrantes de cada grupo es adecuado.	
	La heterogeneidad de niveles y ritmos dentro de cada grupo posibilita una dinámica enriquecedora para todos los integrantes.	
	La organización de los grupos favorece a los alumnos con niveles más evolucionados y ritmos de aprendizaje rápidos.	
	La organización de los grupos es adecuada para los alumnos más necesitados.	
	El lugar ocupado en el aula por los alumnos más necesitados es apropiado.	
	La heterogeneidad de niños y niñas o de chicos y chicas, así como la heterogeneidad lingüística y cultural, es apropiada.	
	La agrupación establecida resulta cómoda para el docente así como para el alumnado.	
MANEJO DE LA DINÁMICA DE LOS GRUPOS	Se establecen las condiciones para que en los grupos participen todos los alumnos de manera suficiente.	
	Se trabaja para que cada integrante favorezca la participación de los demás miembros.	
	Se procura que los componentes asuman diversas tareas y funciones: que todos hagan de todo.	

ASPECTOS QUE SE DEBEN CONSIDERAR	VALORACIÓN
Se procura que cada componente vaya aprendiendo a tomar decisiones y a favorecer que los demás también las tomen.	
Se trabaja la participación de aquellos alumnos que manifiestan necesidades educativas especiales.	
Se fomenta que los grupos aprendan a regular el equilibrio participativo y decisorio de cada alumno o alumna.	
Se enseña a trabajar con autonomía, y al mismo tiempo a solicitar la colaboración del educador cuando es necesaria.	
Se procura que los grupos trabajen con suficiente agilidad.	
Se potencian los roles con efectos positivos para la tarea y el buen entendimiento del grupo.	
Se trabajan los roles con efectos negativos; bloquear el grupo, retraerse, jugar, llamar la atención, agredir, dominar o competir.	
Se tiene en cuenta que cada grupo favorezca la participación de todos sus componentes.	
Se trabaja la tendencia del alumnado a integrarse, a valorarse positivamente, a reforzar las relaciones de amistad o compañerismo, a respetarse, a protegerse y a ayudarse mutuamente.	
Se procura subrayar los progresos del alumnado y de los grupos más que evidenciar defectos.	
Se regula el ruido excesivo.	
Se contiene el movimiento inoportuno del alumnado.	
Se asume la implicación en el mantenimiento del interés del alumnado por el trabajo.	
Se tiene en cuenta el trabajo de habilidades sociales: escuchar con atención las intervenciones de los demás, respetar los turnos de intervención, controlar el tono de voz, valorar positivamente las aportaciones ajenas.	

MANEJO DE LA DINÁMICA DE LOS GRUPOS

	ASPECTOS QUE SE DEBEN CONSIDERAR	VALORACIÓN
ORGANIZACIÓN Y FUNCIONA- MIENTO DE LAS TAREAS	Acierto en la elección de las tareas: las tareas permiten metas comunes al alumnado y la implicación de todos los componentes.	
	Acierto en el grado de dificultad de las actividades.	
	Las actividades son resolubles a diferentes niveles, y se adecuan a la diversidad existente en los grupos operativos.	
	Existen materiales y recursos suficientes para que los grupos puedan llevar a cabo las tareas asignadas.	
	Al acabar las tareas, se permite al alumnado disfrutar del producto realizado.	
	Las tareas resultan interesantes para el grupo que las tiene que realizar.	
	Se ha transmitido al grupo con claridad qué tiene que hacer, cómo, cuándo y por qué.	
	Se ha hecho tomar conciencia al grupo de sus conocimientos de partida.	
	Se ha transmitido al grupo con claridad qué es, cómo se hace y por qué es importante el aprendizaje cooperativo.	
	Se ha informado al alumnado, al principio de las unidades de programación, de los conocimientos que deberán incorporar referentes a la materia trabajada y al funcionamiento del grupo.	
	Se evalúa el funcionamiento de los grupos operativos.	
	Acierto en las actividades de autoevaluación.	
	En general, se consiguen los objetivos de aprendizaje planteados para cada uno de los alumnos.	
LA CULTURA COOPERATIVA DEL CENTRO	La institución es sensible al trabajo cooperativo.	
	En el equipo docente existe el hábito de trabajar cooperativamente.	
	El trabajo en grupos operativos realizado en las aulas se refleja en los documentos en que el centro ha definido su funcionamiento.	

5

El asesor psicopedagógico y el trabajo en pequeños grupos

Hace poco más de un par de décadas la gran mayoría de los centros educativos no disponían de la figura del asesor psicopedagógico. Podemos decir que somos la primera generación que conoce esta figura como algo habitual en los centros. Su vida es, pues, bien corta; estamos, de hecho, al principio del asesoramiento de la práctica educativa de manera generalizada.

Entre las posibles maneras de dar presencia al asesoramiento psicopedagógico, aquella que más se ha sistematizado en estas fases iniciales ha sido la intervención en los casos de alumnos con necesidades educativas especiales. Esta forma de actuación se ha basado en identificar a los alumnos que manifiestan dificultades de aprendizaje, valorar sus conocimientos y tratar de ajustar el currículum a sus necesidades. Con los años se ha comprobado que es una buena manera de intervenir, y sin duda continuará siéndolo en el futuro. Pero sería inconcebible pensar que la aportación de la psicopedagogía a las instituciones educativas puede quedarse estancada en este modelo únicamente. Su marco teórico nos posibilita una gran apertura; la psicopedagogía nos ofrece, actualmente, un prometedor abanico de posibilidades, algunas de las cuales hace años, de hecho, que se están aplicando con éxito: el análisis de los procesos de enseñanza-aprendizaje en las aulas ordinarias, el trabajo por programas, las intervenciones institucionales, por citar algunas, están demostrando ser ámbitos de enormes posibilidades. Sin duda, la voluntad de apertura de la tarea asesora a estos ámbitos tropieza y tropezará con obstáculos que pueden retardar su desarrollo: no faltarán, por ejemplo, concepciones más restringidas o más burocratizadoras de la psicopedagogía que actuarán como freno; pero, visto desde una perspectiva más amplia, no tenemos ninguna duda de que no alterarán, en esencia, el desarrollo de las posibilidades de la psicopedagogía en los centros educativos.

Desde esta concepción abierta de la psicopedagogía se puede fundamentar la importancia de la figura del asesor psicopedagógico en la práctica del trabajo en pequeños grupos en los centros. El seguimiento de esta forma de trabajo por la figura del asesor psicopedagógico se puede enmarcar en lo que, en ocasiones, se ha denominado *asesoramiento mediante programas*, o *trabajo por programas*. Esbozaremos, a continuación, esta línea de asesoramiento, e indicaremos una de las maneras de concretarla en el tema que nos ocupa.

Asesoramiento a través de programas de trabajo

Denominamos *asesoramiento mediante programas* a las intervenciones asesoras que parten de un acuerdo entre el asesor psicopedagógico y el centro educativo para abordar, de manera planificada, un tema vinculado con la psicología, la pedagogía o el trabajo social. Este acuerdo supone la concreción de la temática a trabajar, las pretensiones de sus integrantes, la frecuencia del trabajo, la temporalidad, y la metodología que se empleará. Se puede diferenciar de la intervención a alumnos o alumnas que manifiestan necesidades educativas especiales, porque suelen ser temas diferentes y que requieren otro tipo de intervención: el trabajo por programas da una respuesta, de manera más o menos directa, a la globalidad de los alumnos, entre los cuales se presta una atención especial, desde luego, a los que más están necesitados de ella.

Si realizamos un repaso de lo que ha sido el asesoramiento en los centros en las décadas de los ochenta y los noventa, comprobaremos que una parte de las demandas de los centros y una parte de las propuestas de los mismos asesores han derivado en un trabajo conjunto del asesor y el centro, que ha supuesto ofrecer una respuesta planificada al problema o aspecto débil detectado. En todo caso, se ha ido volviendo habitual que una parte del profesorado formule demandas acerca de temas sobre los cuales la psicopedagogía tiene algo que decir. Por parte del asesor este cambio ha representado, muchas veces, tener que pasar de trabajar con un docente y un alumno o alumna a iniciar una intervención con la mirada centrada en el grupo clase. A pesar de las dificultades con que se ha encontrado, este tipo de trabajo ya hace años que ha llegado a muchos centros de educación infantil y primaria, y también a algunos de secundaria.

Podemos clasificar los programas en dos grandes apartados: por un lado habrían aquellos que están directamente vinculados a un área, instrumental o no. Como ejemplos de estos programas podemos citar el aprendizaje de la lectura y de la escritura, la comprensión lectora, el lenguaje oral o la aritmética. Por otro lado, existen programas que no están vinculados a ninguna área específica, sino que responden a algún tema problemático que ha surgido, o bien a la voluntad de mejorar algún aspecto concreto de la práctica educativa con la ayuda de un especialista en psicopedagogía. Los temas suelen ser muy diferentes y pueden implicar a todo un claustro, un ciclo, un nivel, un departamento, una comisión o un único docente. Por citar algunos, podemos hacer mención del programa de adaptación del alumnado a la entrada de P-3, la relación entre escuela y familia, la intervención en la problemática de la conducta, o bien el trabajo en pequeños grupos en el aula. El tratamiento de cualquiera de estos temas puede requerir desde un pequeño número de sesiones de trabajo hasta una intervención de más de un curso de duración, con una periodicidad semanal, quincenal o mensual. En todo caso, en la organización de un proceso de trabajo de este tipo es necesario ajustar los objetivos buscados a las posibilidades y disponibilidades de cada equipo. Nos interesa, como anunciamos antes, presentar en detalle un posible desarrollo de este programa.

Descripción de un programa sobre trabajo en pequeños grupos en el aula

Un programa sobre trabajo en pequeños grupos en el aula debe ajustarse a la situación específica de quien lo solicita. Por lo tanto, aunque encontraremos una serie de características comunes a cualquier aplicación, apreciaremos también considerables diferencias. En consecuencia, aunque la descripción de este programa puede facilitar la comprensión de su desarrollo, hay que tener siempre presentes los aspectos idiosincrásicos de cada situación.

Características propias del programa

Si nos atenemos a la división que hemos propuesto entre programas que están vinculados a un área y programas que no lo están, éste sería un caso límite entre ambos tipos: el trabajo en grupos operativos en el aula no está ligado a ninguna área en concreto en lo que se refiere a la formación de grupos o al manejo de su dinámica; pero necesariamente se ha de tener en cuenta la tarea, como hemos visto, a la hora de llevarlo a la práctica. Este hecho posibilita que el asesor que acompaña al programa pueda carecer de los conocimientos específicos del área en que se aplica, pero en caso de que los posea puede efectuar una buena aportación complementaria en el diseño, aplicación y valoración de las unidades de programación.

Este programa puede aplicarse con facilidad a los últimos cursos de educación infantil, a primaria y a secundaria: hemos comprobado que en párvulos de cuatro años, a pesar de las limitaciones procedentes de la edad, es posible introducir algunas actividades cortas para que sean resueltas en grupos operativos; en párvulos de cinco años es más fácil sistematizarlo; a lo largo de la primaria es posible trabajar una parte del horario escolar con esta orientación, y en educación secundaria el alumnado está perfectamente capacitado para funcionar en grupos operativos.

En lo que respecta al número de integrantes, el programa puede limitarse a un docente o a un pequeño grupo; cuando se plantea como una tarea a realizar entre un asesor y un único educador es posible avanzar mucho más deprisa; cuando los implicados son un grupo, los beneficios provienen, entre otras causas, de la contrastación de experiencias en el aula y de la creación o consolidación de una cultura de grupo apropiada a esta práctica educativa. Ya hemos dicho en otro lugar que la cultura favorable del centro tiene una importancia considerable para la consolidación de una orientación de trabajo como la que exponemos.

La duración del programa depende también de numerosos factores y es una cuestión que se debe acordar al principio. Hemos comprobado que, si el asesor trabaja individualmente con un único docente, en siete sesiones se puede trazar un recorrido por los grandes temas que, tal como hemos planteado, se deberían tener en cuenta en este estilo de trabajo. Si se acuerda realizar el programa con un grupo de educadores, el ritmo de trabajo se suele volver más lento. En todo caso, entendemos que es una situación más idónea plantearse una duración de un curso escolar, con sesiones quincenales de una hora.

Las observaciones directas en el aula que puede hacer el asesor, si así se acuerda, son especialmente útiles a los docentes para identificar errores en el diseño y en el funcionamiento de las sesiones.

Otra característica de este programa es la gran variación del grado de dificultad que supone para los profesionales que lo inician. Hemos comprobado que algunos docentes se encuentran muy a gusto con este estilo de trabajo desde las primeras sesiones en las aulas, y consiguen muy pronto que los grupos adquieran un alto grado de eficacia. En cambio, otros profesionales pueden encontrarse con problemas, a veces muy difíciles de resolver; por ejemplo, el manejo de la dinámica de trabajo, o su propia disposición a instalar una cultura cooperativa en el aula. Pensamos que la práctica del trabajo en grupos operativos se adecua para todos de la misma manera; y esto es un hecho a tener en cuenta cuando se pretende instalarla en un centro de una manera generalizada. No queremos decir con esto que esta práctica no se pueda sistematizar, sino que creemos que se ha de tener la flexibilidad necesaria para que cada docente pueda aplicarla en la medida que considere oportuna, y que sea posible arbitrar medidas de ayuda cuando les sean necesarias a los docentes que las precisen. La medida más eficaz que hemos encontrado consiste en trabajar dos educadores en la misma aula durante los intervalos de trabajo en grupos operativos, cuando algún profesional encuentra dificultades en manejar los grupos él solo.

Acuerdos al inicio del programa

Como en todos los programas, lo primero es llegar a un acuerdo entre el asesor y los asesorados. La iniciativa de trabajar en este tema suele partir de los propios profesionales directamente implicados; pero puede proceder también de otras personas, como el director o el coordinador pedagógico de un centro, e incluso de un asesor. En todo caso, es imprescindible comprobar que existe un acuerdo real para iniciar una experiencia de este tipo, y que tras un mutuo entendimiento aparente no se oculta un desacuerdo por parte de algunos profesionales directa o indirectamente implicados. En este último caso, la experiencia nos muestra que hay que poner sobre la mesa lo que cada profesional opina del tema, y también lo que cada profesional siente. Y comprobar el grado de flexibilidad y de tolerancia de la institución, del grupo directamente implicado y de cada uno de sus integrantes. Asimismo hay que revisar, en estos casos, la capacidad del grupo de profundizar en un lenguaje común, y al mismo tiempo el respeto a la diversidad de cada educador.

Otro de los temas previos es el de la disponibilidad del grupo y de cada uno de sus componentes para dedicar un tiempo adecuado a trabajar en grupo, y otro tiempo a llevar el trabajo a cada aula. Se ha de comprobar que se está en condiciones de asignar tiempo para esta tarea, y que no hay urgencias que dificulten su desarrollo. Se tendrá que acordar la periodicidad de las reuniones, su duración, la metodología a emplear y, en su caso, las lecturas de textos, las observaciones en el aula y las visitas a otros centros.

Otro acuerdo necesario se refiere a las unidades de programación que se elaborarán, o, al menos, un acuerdo sobre a qué áreas se aplicará el trabajo en pequeños grupos. Así mismo, habrá que asegurarse de que todos consideren adecuadas las agrupaciones por niveles heterogéneos, el papel que, a grandes rasgos, jugará cada docente durante el trabajo de los grupos operativos, y la evaluación posterior.

La implicación de cada institución varía mucho dependiendo de múltiples causas; pero siempre se ha de tener en cuenta, y prever, qué, cómo y cuándo se hará respecto a, al menos, el traspaso de información al resto del claustro. Asimismo, se deberá acordar todo lo que es necesario que quede escrito, y los materiales que se deberán preparar para los cursos siguientes.

Y, finalmente, habrá que llegar a un acuerdo en lo que respecta al papel del asesor y su relación con los asesorados. Siguiendo a Selvini (1987), nos parece muy adecuada la definición de esta relación desde el punto de vista de colaboración, con funciones complementarias: se trata de articular un conocimiento de tipo más psicopedagógico, del cual el asesor dispone en mayor medida, con el conocimiento de la práctica educativa, que el docente detenta en mayor grado; se trata de cruzar estos dos complementarios para cumplir el objetivo compartido de sistematizar el trabajo en pequeños grupos.

Con estos acuerdos, y posiblemente algunos otros que se puedan creer oportunos en cada caso concreto, se puede empezar la primera sesión.

Primera sesión

Una de las maneras de iniciar este programa puede ser estudiando la noción de grupo operativo, y planificando la manera de hacer que los alumnos la entiendan. Se puede partir de la definición de grupo operativo, analizarla y ver que implica un proyecto común, las semejanzas y diferencias que tiene con el trabajo individual en el que se permite la interacción entre el alumnado, etc. En la planificación de la primera sesión en el aula es posible incluir, además, el sentido de esta orientación, las razones por las cuales se propone, la previsión de los espacios de tiempo que se le dedicarán, y, a grandes rasgos, precisar qué tendrán que aprender respecto al propio trabajo en grupos. Creemos que es básico hacer entender al alumnado el qué, el cómo, el cuándo y el porqué del trabajo en grupos operativos, y predisponerlos a tomarlo en serio y a considerarlo importante. Como material escrito para preparar esta sesión se puede usar, entre otros, la «Introducción» con que hemos abierto el texto, y, dentro de ella, especialmente el apartado «Los alumnos y las alumnas y el trabajo en grupo» (pp. 13-15). Para preparar la segunda sesión se puede proponer la lectura de «La organización de los grupos» (pp. 17-25).

Observación de la sesión en el aula

Hemos comprobado que la observación de esta sesión por parte del asesor suele ayudar mucho a la reflexión que se hará en la segunda: el hecho de que un observador tome nota del funcionamiento de la sesión permite analizar las diferentes intervenciones con más detalle, reflexionar sobre la comprensión del tema que manifiestan los alumnos, y percibir los aciertos y errores del diseño que se hizo en la preparación.

Segunda sesión

Se puede iniciar valorando la sesión pasada, interrelacionando la percepción que tuvo el docente o docentes de la sesión de clase con la lectura de la observación que hizo el asesor. A continuación se hace necesario introducir, casi al mismo tiempo, los tres temas que hemos venido desarrollando a lo largo de este texto: la formación de los grupos, los aspectos más importantes del manejo de la dinámica y las tareas que deberán llevar a cabo los grupos operativos en cada aula. De los tres temas, el primero es el más breve. Una posibilidad es empezar por los criterios de agrupación, diseñar los grupos, y dejar los otros dos temas para la siguiente sesión. Si se sigue este recorrido se puede proponer la lectura de los apartados «La participación» (pp. 31-39) y «Criterios para la elección a realizar en pequeños grupos» (pp. 57-61).

Tercera sesión

En la tercera sesión se puede dejar la unidad de programación en condiciones de ser aplicada en el aula. Se pretende que, a partir de este momento, se pueda trabajar en grupos operativos con la regularidad acordada. Por lo tanto, se entrará en un movimiento en espiral, en el que se alternará la programación de las acciones educativas, las acciones propiamente dichas y la reflexión sobre éstas, como paso previo para continuar programando.

Observación de la sesión en el aula

A partir de este momento las observaciones en el aula adquieren una gran importancia, porque aportan un material escrito que se puede trabajar en las reuniones de grupo, y facilitan mucho la reflexión sobre el funcionamiento del trabajo. El observador está atento tanto a los aspectos bien logrados de la formación de grupos, la dinámica de la clase y el desarrollo de las tareas, como a los aspectos débiles, sobre los cuales deberá trabajarse durante la sesión o sesiones siguientes.

Cuarta sesión

El desarrollo de esta sesión dependerá de las características de la unidad de programación, sobre todo de la extensión, y también del espacio que se deje entre sesión y sesión. Se puede organizar igual que la tercera.

Quinta sesión

La reflexión sobre la práctica y el funcionamiento del trabajo en el aula ocupará una parte de la sesión. Si la extensión de la unidad de programación lo permite, se puede pasar a precisar la evaluación final de la tarea y del funcionamiento de los grupos. En este caso se revisarán los objetivos y los formularios que se haya decidido utilizar.

Observación de la sesión en el aula

También se saca mucho provecho de observar con toda la atención posible las actividades de evaluación. El material que se recoja será objeto de análisis en la próxima sesión.

Sexta sesión

Para acabar el ciclo, en esta sesión se dedicará una parte del tiempo a la evaluación del alumnado, y otra parte a comprobar cómo va evolucionando el programa. Ahora es un buen momento para revisar, también, cómo le va el trabajo al profesorado, y asimismo al asesor.

Séptima, octava, novena y décima sesiones

Las cuatro últimas sesiones que hemos visto formaban un bloque que giraba en torno de una unidad de programación, sobre la base de la cual se trabajaban los grandes temas que hemos ido indicando. A partir de ahora se puede repetir el proceso, conservando los aspectos bien logrados en la unidad anterior y trabajando los débiles. En este momento, tanto los grupos como los educadores cuentan con una experiencia previa; y el asesor también dispone de unas semanas de experiencia con el grupo de trabajo. Por lo tanto, se está en una situación diferente, que permite aprender de los errores y profundizar en cada uno de los temas ya conocidos. Puede ser el momento de introducir bibliografía que complemente los textos ya vistos y, si es posible, reservar un espacio en las sesiones para comentarla. El hecho de que ya se haya visto, aunque sólo sea una vez, el funcionamiento general, permite centrarse cada vez más en todo lo que sea necesario perfeccionar. Si cada participante en el programa está trabajando con grupos operativos en su aula, es muy fácil contrastar las diferentes experiencias, cosa que suele generar una situación muy enriquecedora para todos. El solo hecho de poner en común la práctica en el aula introduce un hábito que no siempre existe en los centros. Pero, además, esto ocurre en una situación idónea para aumentar la capacidad de trabajo en equipo del profesorado, porque es, precisamente, el trabajo en grupo de los alumnos el tema sobre el cual gira el programa. Muchas de las ideas que aparecen son aplicables tanto a grupos de alumnos y alumnas como a equipos de profesionales. Estas cuatro sesiones, pues, servirán para profundizar en los temas iniciados en las sesiones anteriores. Las observaciones se mantendrán, si es posible, con la misma frecuencia.

Undécima, duodécima, decimotercera y decimocuarta sesiones

La dinámica de trabajo no cambia: se consolida la práctica del trabajo en grupos operativos, se identifican los temas que todavía no están bien resueltos, y se estimula al grupo a trabajarlos. Se procura proporcionar los materiales escritos que puedan ser útiles.

Decimoquinta sesión

Esta sesión se dedica a la evaluación del programa. Existe la posibilidad de contemplar los dos espacios de los que hemos hecho mención en el capítulo referente a la evaluación: en uno se evalúa al alumnado, el funcionamiento de los grupos, los aprendizajes que han asimilado los diferentes integrantes y contenidos académicos que han adquirido; en el otro se evalúa el impacto que ha tenido el programa de trabajo sobre el propio grupo de docentes y lo que han podido asimilar, con los cambios de la práctica educativa que ha generado.

Finalmente, se debe preparar el traspaso de información a la institución. Al menos, se puede considerar, a un tiempo, una doble vía: hacia el equipo directivo y hacia todo el claustro.

Decimosexta sesión

Se dedica a ofrecer al claustro, con todo el rigor posible, la información más significativa del programa realizado.

6

A modo de conclusión

Los que trabajamos en el mundo de la educación nos encontramos en un momento visiblemente contradictorio.

Por una parte disponemos, ahora más que nunca, de un marco teórico prometedor y lleno de posibilidades, que nos muestra, en su inagotable caleidoscopio, cómo hacer posible, en un futuro no muy lejano, el trabajo en pequeños grupos en las aulas y las relaciones de cooperación entre el alumnado —y no sólo entre el alumnado, sino también entre todos los implicados en la educación—. Tenemos a nuestro alcance los conocimientos y técnicas necesarios para introducir en los centros la cooperación como forma de ser predominante entre todos los que estamos implicados. El marco legal, de manera explícita, lo posibilita. En los centros también tenemos posibilidades de aproximarnos a los conocimientos necesarios para hacer realidad un trabajo que enfatice la cooperación, de optar por unas actitudes bien predispuestas hacia la manera de ser que esto supone, de entender la cooperación como un valor y de instalar las normas que más la favorezcan.

Por otra parte, nos encontramos con impedimentos cuya importancia en ocasiones no hemos tenido en consideración: el aumento excesivo de la burocratización en los centros —a los asesores también nos pasa— junto con la percepción de ser movidos más por iniciativas externas que por un movimiento que parta del mismo centro, junto con el malestar que existe en muchas instituciones educativas, junto con la asunción de exigencias prácticamente irrealizables, junto con las tensiones que se desbocan en muchos centros, junto con algunas condiciones muy poco favorables, etc., marcan las posibilidades y los límites de apertura o cerrazón de cada institución educativa ante el desarrollo del aprendizaje en grupos operativos. No es infrecuente encontrar centros que están demasiado tensos, llenos de urgencias a las que tienen que hacer frente, que muchas veces les impiden sentarse tranquilamente a reflexionar sobre cómo quieren que sean las relaciones educativas.

Tal vez hayamos, en ocasiones, menospreciado las advertencias de autores de orientación psicodinámica como Loureau, que han puesto énfasis en el peso, para bien y para mal, de lo instituido en las instituciones. Y también las clarificadoras aportaciones de los sistémicos, que nos previenen sobre las resistencias de los sistemas al cambio. Muchas veces nos sorprendemos mirando extrañados el mundo educativo y preguntándonos por qué, con tantos elementos en la mano, es tan difícil promover según qué cambios, y desatendemos las escrituras que autores de diferentes escuelas nos han repetido hasta la saciedad.

A veces puede dar la impresión de que la apertura o cerrazón de la educación hacia las posibilidades que prevemos dependen sólo de los profesionales de los centros; pero tras hacer un análisis más riguroso descubrimos que el contexto es determinante. También a veces, observamos el fenómeno inverso y quedamos sorprendidos ante la evidencia de que, a pesar de las condiciones favorables existentes, hay personas que dicen no. Las posibilidades de apertura o cerrazón del mundo educativo a nuevos retos, como el trabajo en grupos operativos, dependen de cada uno, y al mismo tiempo de las condiciones existentes: y tendremos que hacer una valoración precisa para entender lo que es la contribución de cada uno y lo que se debe a las condiciones externas.

Introducir el trabajo en pequeños grupos en las aulas exige conocimientos pertinentes, habilidades adecuadas, actitudes a favor de él, valores apropiados, normas que lo potencien, una cultura de centro favorable a él y unas condiciones generales que lo hagan posible en la práctica, a concretar en cada caso. Entendemos que el reto exige ver hasta qué punto somos capaces de tener en cuenta todos estos aspectos y ponerlos al servicio de una manera cooperativa de estar con los demás. De hecho, podemos optar por apoyar este proyecto, o no; depende, en gran parte, del mundo que cada uno prefiera.

Bibliografía

AEBLI, H. (1973): *Una didáctica fundada en la psicología de Jean Piaget*. Buenos Aires. Ed. Kapelsuz.

ANSIEU, D. (1971): *La dinámica de los pequeños grupos*. Buenos Aires. Kapelusz.

BLEGER, J. (1985): *Temas de psicología: Grupos operativos en la enseñanza*. Buenos Aires. Ediciones Nueva Visión.

BONALS, J. (1994a): *Assessorar l'aprenentatge de l'escriptura*. Barcelona. Ed. PPU.

BONALS, J. (1994b): «La cura de les necessitats dels docents». *Guix*, n. 200, pp. 67-71.

BONALS, J. (1996): *El trabajo en equipo del profesorado*. Barcelona. Graó.

BONALS, J. (1998): «Mejorar la capacidad de trabajar en equipo». *Conceptos de edu - cación*, n. 3, pp. 115-123.

DAMUNT, E. (1998): *Material de matemàtiques per a la diversitat*. S. Hipòlit de Vol- tregà. Ed. Divermat.

FORMAN, E.A.; CAZDEN, C.B. (1978): «Perspectivas vygotskianas en la educación: el valor cog- nitivo de la interacción entre iguales». *Infancia y aprendizaje*, n. 27/28, pp. 139-157.

GERONÈS, M.Ll.; SURROCA, M.R. (1997): «Una experiencia de aprendizaje cooperati- vo en educación secundaria». *Aula de Innovación Educativa*, n. 59, pp. 49-53.

GUIX, D.; SERRA, P. (1997): «Los grupos operativos en el aula, una respuesta al reto de la diversidad en la educación primaria». *Aula de Innovación Educativa*, n. 59, pp. 46-48.

HERNÁNDEZ, F.; VENTURA, M. (1992): *La organización del currículum por proyectos de trabajo*. Barcelona. Graó/ICE-UB, pp. 54-59.

JOHNSON, R.T.; JOHNSON, D.W. (1997): «Una visió global de l'aprenentatge coopera- tiu». *Suports*, n. 1, pp. 54-64.

LÁZARO, Q.; MARIMON, M.; ROMEU, L.; SERRA, T. (1997): «Colaborar. La experiencia de la Escuela Baloo». *Cuadernos de pedagogía*, n. 255, pp. 71-76.

LUQUE, A. (1989): «Dialogar, comprender, aprender». *Cuadernos de pedagogía*, n. 170, pp. 8-13.

LUQUE, A.; GARCÍA, I. (1989): «Una experiencia global y compartida». *Cuadernos de pedagogía*, n. 170, pp. 14-17.

MARTÍ, E.; SOLÉ, I. (1997): «Conseguir un trabajo eficaz». *Cuadernos de pedagogía*, n. 255, pp. 59-64.

ONRUBIA, J. (1997): «Escenarios cooperativos». *Cuadernos de pedagogía*, n. 255, pp. 65-70.

OVEJERO, A. (1990): *El aprendizaje cooperativo*. Barcelona. Ed. PPU.

PICHÓN RIVIÈRE, E. (1985): *El proceso grupal*. Buenos Aires. Ed. Nueva Visión.

RUÉ, J. (1989): «El trabajo cooperativo por grupos». *Cuadernos de pedagogía*, n. 170, pp. 18-21.

SAINT-ARNAUD, Y. (1981): *Participación y comunicación de grupos*. Madrid. Anaya.

SELVINI, M. (1987): *El mago sin magia*. Barcelona. Paidós.

SHAW, M. (1989): *Dinámica de grupo*. Barcelona. Herder.

TEBEROSKY, A. (1981): «El aprendizaje a través de la interacción grupal», en FERREI- RO, E.; GÓMEZ PALACIO, M.: *Nuevas perspectivas sobre los procesos de lectu - ra y escritura*. Madrid. Siglo XXI.

Made in the USA